福建省高速公路施工标准化管理指南

Fujian Sheng Gaosu Gonglu Shigong Biaozhunhua Guanli Zhinan

第三分册　路面工程及交通安全设施

Di-san Fence　　Lumian Gongcheng ji Jiaotong Anquan Sheshi

（第三版）

福建省高速公路建设总指挥部　组织编写

人民交通出版社

北　京

内 容 提 要

本书为《福建省高速公路施工标准化管理指南　第三分册　路面工程及交通安全设施》(第三版),系在现行高速公路路面及交通安全设施工程设计、施工、验收等相关标准、规范基础上,总结福建省多年来高速公路建设实践经验编制而成。本书图文并茂地对路面及交通安全设施工程施工工序、技术、工艺和管理进行说明,将规范化管理、标准化施工的理念贯穿于施工管理全过程。本书对于规范高速公路路面及交通安全设施工程施工,克服质量通病,提高管理水平,保证施工质量安全生产有很好的指导作用。

本书适用于福建省所有新建、改(扩)建高速公路项目,以及新增独立互通和出入口工程(含连接线)的路面工程及交通安全设施施工管理,也可供其他省份相关管理与技术人员参考使用。

图书在版编目(CIP)数据

福建省高速公路施工标准化管理指南. 第三分册, 路面工程及交通安全设施 / 福建省高速公路建设总指挥部组织编写. — 3 版. — 北京 : 人民交通出版社股份有限公司, 2024. 12. — ISBN 978-7-114-20044-1

Ⅰ. U415. 1-62

中国国家版本馆 CIP 数据核字第 2025V0G822 号

福建省高速公路施工标准化管理系列指南

书　　名: **福建省高速公路施工标准化管理指南　第三分册　路面工程及交通安全设施**(第三版)

著 作 者: 福建省高速公路建设总指挥部

责任编辑: 朱伟康　师静圆

责任校对: 龙　雪

责任印制: 张　凯

出版发行: 人民交通出版社

地　　址: (100011)北京市朝阳区安定门外外馆斜街 3 号

网　　址: http://www.ccpcl.com.cn

销售电话: (010)85285857

总 经 销: 人民交通出版社发行部

经　　销: 各地新华书店

印　　刷: 北京市密东印刷有限公司

开　　本: 880 × 1230　1/16

印　　张: 6.25

字　　数: 141 千

版　　次: 2024 年 12 月　第 3 版

印　　次: 2024 年 12 月　第 1 次印刷

书　　号: ISBN 978-7-114-20044-1

定　　价: 60.00 元

(有印刷、装订质量问题的图书,由本社负责调换)

本书编写人员

主　　编：陈礼彪

副 主 编：刘光东　林志平

参编人员：高晓影　姜雪亮　陈道云　杨胜榕

许　晟　陈键灵　陈宇君　郑程斌

主编单位：福建省高速公路建设总指挥部

福建省高速公路集团有限公司

参编单位：福建省高速公路学会

前　言

2013 年 12 月,我部组织对“福建省高速公路标准化管理系列指南”进行了第一次修编,各参建单位通过近十年的认真贯彻和执行,取得了较好的成效,有效控制了工程质量安全,提高了建设管理水平。党的十八大以来,党中央提出贯彻“创新、协调、绿色、开放、共享”五大发展理念,我国进入了高质量发展的新阶段。《交通强国建设纲要》《质量强国建设纲要》《国家综合立体交通网规划纲要》的陆续发布,开启了我国交通运输建设的新篇章。福建省也积极响应,全力开展交通强国先行区建设。根据福建省委、省政府发布的《福建省综合立体交通网规划纲要》,未来一段时间我省高速公路将进入新一轮的建设高峰。为更好地贯彻落实交通强国、质量强国的要求,把握新发展阶段,贯彻新发展理念,构建新发展格局,全方位推动福建省高质量发展,更好地“服务发展、服务民生、服务国防建设”,推动福建省高速公路建设向更高速度、更高水平、更高质量发展,我部组织对“福建省高速公路标准化管理系列指南”进行了第二次修编。

本次修编是在近十年“福建省高速公路标准化管理系列指南”使用的基础上,针对使用过程中存在的问题和不足,结合最新的标准、规范、规程,以及交通运输部关于创建绿色公路、平安百年品质工程等工作要求,吸纳已广泛应用的新技术、新工艺、新材料、新设备等和其他省(区、市),以及铁路、市政、建筑等行业可借鉴的经验做法,体现了新时代福建省高速公路建设管理“标准化、均质化、工业化、智能化、绿色化”的具体要求。修编后的“福建省高速公路施工标准化管理系列指南”共七个分册,包括工地建设、路基工程、路面工程及交通安全设施、桥梁工程、隧道工程、生态保护与恢复、工程信息化管理。

本书为第三分册“路面工程及交通安全设施”,从福建省高速公路施工组织和路面结构等特点出发,从材料、工序、工艺、技术、质量验收等方面进行图文并茂的说明,着力推进施工过程标准化、施工控制信息化、施工结果均质化,鼓励采用节能环保技术和智慧化手段提升工程建设品质,强化各参建单位、参建人员的质量管理意识和质量管理水平。

本次修订的主要内容包括:

(1)对原指南章节进行了调整:原指南共分 12 章,修编后调整为 11 章。删除第 2 章“碎石的开采与生产”,其中关于碎石破碎工艺的内容调整至第 2.5 节“材料准备”;删除第 12 章“安全生产与文明施工”,其中关于沥青路面安全文明施工的内容相关内容调整至第2.7节“‘零污染’管控”和第6.5节“施工要点”;增加第11章“节能环保技术”;原指南第4章至第11章依次调整为第3章至第10章,其中原指南第7章至第11章名称依次调整为“热拌沥青混合料基层、面层”“桥面沥青铺装层”“隧道路面沥青铺装层”“路面工程附属设施”“交通安全设施”。

(2)新增了均质化管控的管理要求和技术指标、钢桥面沥青铺装层施工要点、超高缓和段增设“路拱法”施工工序,完善和调整了部分原材料技术指标、配合比设计要求、质量管理要求等。

(3)补充完善了交通安全设施施工的相关要求。

(4)对各章节内容重新进行了梳理、归并和修改。

本指南可供高速公路项目各参建单位、参建人员使用。使用过程中发现的问题和修改意见,请反馈至福建省高速公路建设总指挥部建设管理部(福州市东水路18号交通综合大楼21F,邮编350001),以便修订时参考。

福建省高速公路建设总指挥部

2024年12月

目　　录

1 总则

1.1 目的及范围

1.1.1 为规范高速公路路面工程及交通安全设施施工，防治质量通病，提高施工效率，提升管理水平，确保工程质量安全，编制本指南。

1.1.2 本指南适用于福建省所有新建、改（扩）建高速公路项目，以及新增独立互通和出入口工程（含连接线）的路面工程及交通安全设施施工管理。

1.2 编制依据

1.2.1 《交通强国建设纲要》《质量强国建设纲要》《国家综合立体交通网规划纲要》《福建省综合立体交通网规划纲要》和交通运输部绿色公路、品质工程指导意见及最新相关要求。

1.2.2 国家，中国工程建设标准化协会、交通运输部等工程建设标准主管部门发布的与路面及交通安全设施工程相关的文件、标准、规范、规程和指南等。

1.2.3 福建省颁布施行的相关文件、规定，以及近年来福建省高速公路建设过程中好的经验、措施、做法等。

1.2.4 目前交通建设行业先进的措施、施工经验总结以及广泛应用的新技术、新工艺、新材料、新设备等。

1.2.5 路面及交通安全设施施工除应符合本指南外，尚应符合国家颁布的现行有关标准、规范的规定。

1.3 总体要求

1.3.1 应贯彻新发展理念，严格遵守国家和行业的安全生产、环境保护法律法规，强化施工过程管控，提高施工环节信息化、施工检测自动化、施工细节精细化，打造均质、稳定、耐久的品质工程。

1.3.2　科学组织施工,保证合理施工工期,树立工期服从于质量的意识,不得随意提前。

1.3.3　路面各结构层正式施工前均应铺筑试验路段,并根据试验路段总结指导后续施工。推行路面施工"零污染",防止层间污染,提高路面耐久性。

1.3.4　路面及交通安全设施应与路基土建、机电、绿化、房建等工程施工相协调,减少工序交叉干扰,提高工效。

1.3.5　内业资料必须做到"三同步"及"五性"的要求。"三同步"即:工程实体进展与内业资料实施同步、工程资料的实施与签认同步、工程资料签认与归档同步;"五性"即:规范性、完整性、真实性、合理性、溯源性。路面施工的关键工序或重要部位宜拍摄照片或进行录像,作为保存资料的一部分。

1.4　章节划分

本指南共设11章,分别为总则,施工准备,水泥稳定碎石底基层、基层,级配碎石垫层、底基层、基层,透层、黏层与下封层,热拌沥青混合料基层、面层,桥面沥青铺装层,隧道路面沥青铺装层,路面工程附属设施,交通安全设施,节能环保技术。

2 施工准备

2.1 一般规定

2.1.1 路面工程施工单位进场后应立即进行现场考察,收集气象、水文及地质等资料,结合工程的主要分项及特点,调查沿线料源的分布和交通条件,落实水稳拌和站以及沥青混凝土拌和站的具体位置、占地面积、平面布置以及变压器的安装位置等工作,并汇编调查报告报请监理工程师批准后,开展驻地建设。

2.1.2 项目经理部、小型构件预制场和拌和站建设应符合招标文件和“工地建设”分册的要求。沥青拌和站布置效果图如图2.1.2所示。

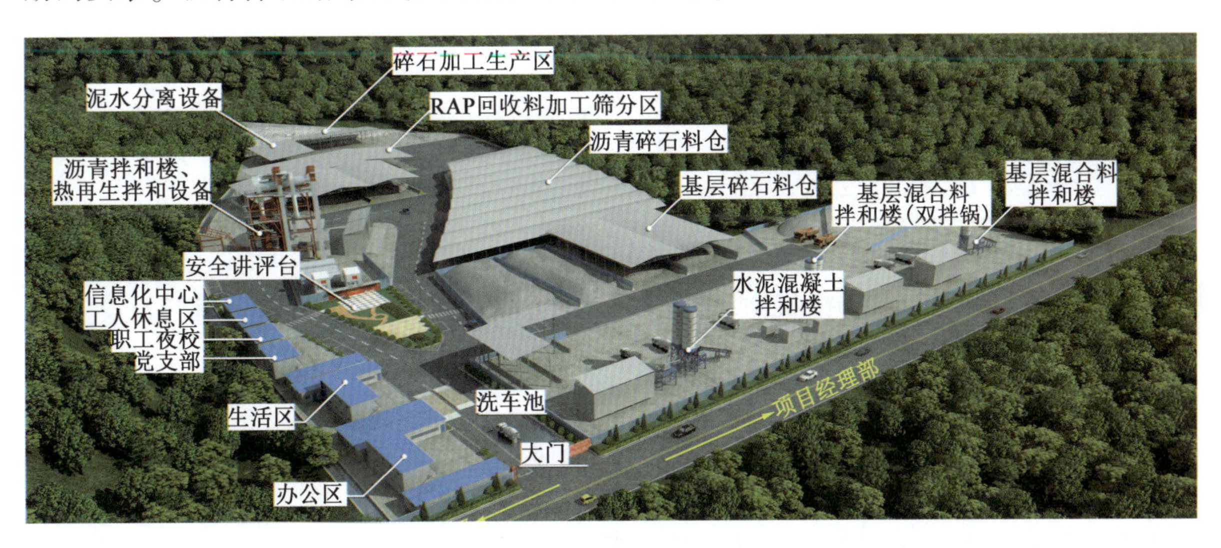

图2.1.2 沥青拌和站布置效果图

RAP-再生沥青混合料

2.1.3 水稳(底)基层、级配碎石(底)基层、沥青结构层、透层、黏层、封层与附属工程、交通安全设施工程等作业均应安排专业化队伍进行施工,施工前应制定详细的实施性施工组织计划,及时配备相应生产要素,满足施工需要。

2.1.4 施工前应根据施工方案建立健全安全生产管理体系和应急预案,严格执行安全操作规程,确保施工作业人员的安全及健康。

2.2　技术准备

2.2.1　施工单位在开工前,应对设计文件进行复核,对设计中存在的问题及时提请设计单位解决,设计单位应做好设计技术交底。

2.2.2　完成试验检测仪器、测量仪器、拌和设备标定及试验室临时资质申报。

2.2.3　施工单位应按合同文件要求完成导线、水准点的复测和加密测量工作,并保护好各桩点直到工程竣工。

2.2.4　施工单位应在签订合同协议书后28d内完成编制实施性施工组织设计。其内容应包括编制依据,工程概况,场地布置及临时工程的准备情况,主要施工人员、设备,机构设置,工程项目的进度计划,材料及机械设备的进场供应计划,资金使用计划,单位、分部及分项工程划分,工区划分,主要施工方案,施工方法及质量控制,安全、环保、文明施工的各项保证体系和措施。

2.2.5　施工单位应在工程开工前,根据现行《公路工程质量检验评定标准　第一册　土建工程》(JTG F80/1)编制本项目“单位、分部、分项工程的划分表”,并书面报送监理工程师审批。

2.2.6　施工单位应在开工前将“总体开工报告”报送监理工程师审批。其内容应包括:施工方案的编制情况,施工机构、质检体系、安全体系的建立情况,人员、材料、设备的进场情况,临时设施的修建情况等。

2.2.7　施工单位应在分部或分项工程开工前14d,将开工报告报送监理工程师审批。其内容应包括:施工地段与工程名称、现场负责人名单、施工组织和劳动力安排、材料供应及机械进场等情况、材料试验及质量检查手段、水电供应、临时工程的修建、施工方案进度计划以及其他需要说明的事项。

2.3　人员准备

2.3.1　项目部主要人员的资质、数量应与投标承诺相一致。项目经理、总工、试验室主任等主要管理人员应保持稳定,若需更换,应按规定程序报业主批准。

2.3.2　项目特殊工种人员须持证上岗。

2.3.3 项目部应设有专职档案员，档案员必须要由工程类技术员以上的专业技术人员担任。

2.3.4 专职安全员配置应按年度计划产值要求配置，5000 万元以下至少配置 1 名，5000 万元以上不足 2 亿元按 5000 万元 1 名配置，2 亿元以上按不少于 5 名配置，且按专业配置。

2.3.5 试验人员的配置应符合《福建省公路水运工程工地试验室管理办法》、招标文件及《福建省普通公路项目建设管理标准化指南》的要求。

2.4 机具准备

2.4.1 施工机械设备应按照投标承诺根据施工进度计划分阶段组织进场，以满足施工需要。

2.4.2 拌和机械的配置和技术性能应符合以下要求：

1 水稳拌和采用强制式拌和机，计算机计量，配置至少四个集料仓和两个水泥仓，自动补水器加水，拌和机性能应保持良好，生产能力满足连续施工要求。水稳拌和设备如图 2.4.2-1 所示。

图 2.4.2-1 水稳拌和设备

2 沥青混凝土拌和站必须采用间歇强制式拌和站，实际生产能力必须满足连续施工要求，必须具有二级除尘功能，能逐盘打印各种配料用量及拌和温度，应配备数据采集系统和混合料数据监控系统，并实时传输至上级管理平台。建议推广环保型沥青拌和站。拌和站应备有一台满负荷工作 1.3 倍功率的发电机。沥青混凝土拌和设备如图 2.4.2-2所示。

3 水泥混凝土路面拌和站参考路基水泥混凝土拌和站设置。

图 2.4.2-2　沥青混凝土拌和设备

2.4.3　摊铺机械宜选用统一型号,同一成色新的机器,以便于振捣梁振幅、频率相同,初始压实度一致。有加宽渐变的路段应配备伸缩型摊铺机,以保证铺筑质量。

2.4.4　压实机械的配置和技术性能应符合以下要求:

1　水稳层和级配碎石层碾压作业时宜配备 2 台 20t 以上的单钢轮振动压路机,且振动具有多频多幅功能。必须配备至少 1 台以上、自重 25t 以上的胶轮压路机进行碾压,狭窄地段要采用小型振动平板夯进行夯实。机械设备配备应根据作业面宽度实际情况进行调整。

2　沥青混凝土碾压作业时宜配备有 3 台 10t 以上的双钢轮振动压路机,且振动具有多频多幅功能。宜配备有至少 2 台以上、自重 25t 以上的胶轮压路机进行碾压,狭窄地段要采用小型振动平板夯或小型压路机进行压实。机械设备配备应根据作业面宽度实际情况进行调整。压实机械如图 2.4.4 所示。

图 2.4.4　压实机械

2.5　材料准备

2.5.1　路面施工前,应提前做好水泥、沥青、集料、钢筋(材)等主要材料的选定工作,并根据施工进度计划，制定材料供应计划。所有材料采购均应严格遵守材料验收和送检制度，必要时派专人驻场监造，严禁不合格材料进场，且不得未检先用。

2.5.2　沥青碎石加工场的设备配置、工艺流程和生产场地应报备监理单位。集料破碎应采用三级破碎工艺，可结合实际对颚破、圆锥破、反击破或整型设备进行组合，配备相应的集料除尘或水洗设备。集料堆放场地应进行硬化，各档碎石应分开堆放。建设单位和监理单位应加强集料生产过程的管控。集料加工工艺流程如图2.5.2所示。

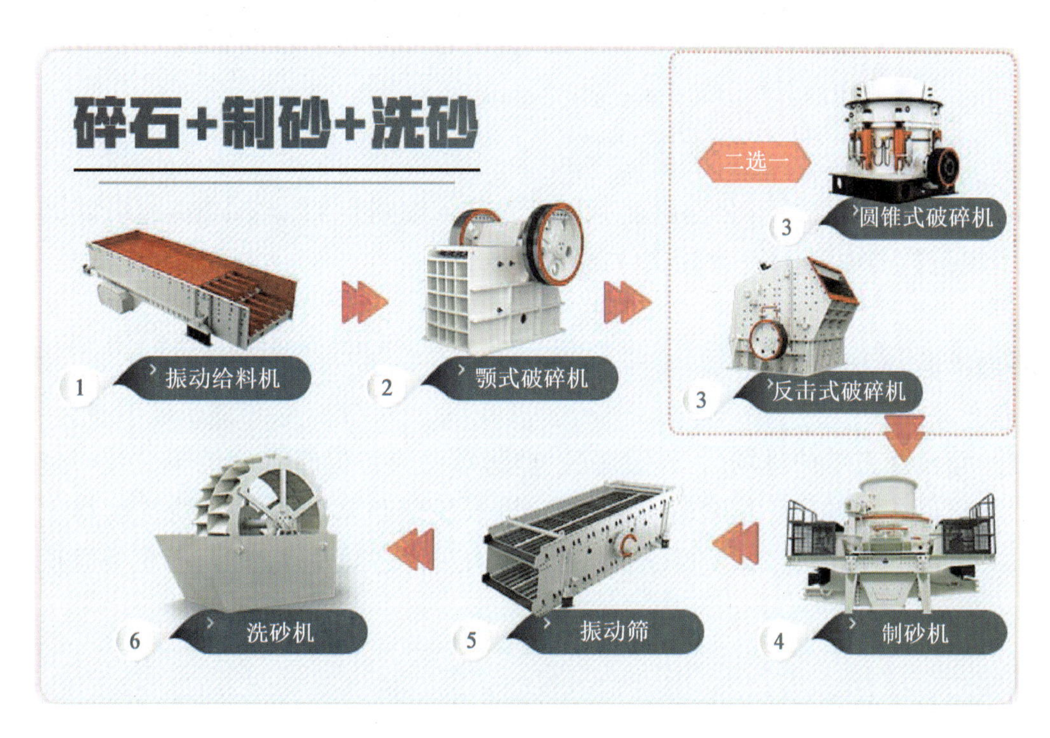

图2.5.2　集料加工工艺流程图

2.5.3　各种碎石均应按照设计的不同粒径规格进行筛分，当碎石生产一定数量并规格稳定后，要及时开展配合比试验工作，及时调整生产工艺，确保各档料能配成符合规范级配要求的混合料，且其数量能与掺配比例相适应。

2.5.4　每个路面结构层在开工前，所采备的碎石数量应满足7d以上施工用量，确保连续施工。

2.5.5　集料堆放场地应按照“工地建设”分册的要求进行场地硬化、防排水设施等建设。不同料源、不同规格的集料应分仓堆放，确保不串料、不混料。基层、底基层粗集料宜搭设集料棚，基层、底基层细集料和沥青结构层所有集料应搭设集料棚。集料堆放场地如图2.5.5所示。

图2.5.5　集料堆放场地

2.5.6　集料应满足现行《公路路面基层施工技术细则》(JTG/T F20)、《公路沥青路面施工技术规范》(JTG F40)及设计文件的具体要求。

2.6　界面核验

2.6.1　路面施工单位进场后,建设单位、监理单位应督促路基施工单位及时进行路基核验,并向路面施工单位移交核验合格的路基,长段落路基(含构造物)连续移交长度应不小于4km,改扩建项目根据实际情况移交,两构造物之间短路基、互通单条匝道应一次性移交。

2.6.2　所移交的路基段落内路槽、边坡防护、路肩墙、边沟、预埋管道、桥涵(包括铺装层、伸缩缝预留槽、搭板、过渡板)、隧道(包括水泥混凝土路面、洞门墙、洞口搭板、过渡板、洞口转向车道、检修道盖板)等应全部完成。互通区、服务区等进出口的主线渐变段应与主线同步移交。路基连续、完整移交如图2.6.2所示。

图2.6.2　路基连续、完整移交

2.6.3 路基移交须在路基施工单位自检合格、监理单位复核无误及交工验收检测单位验收合格后进行，应由路基施工单位、路面施工单位、监理单位、建设单位四方参加并签字确认，移交过程中发现的问题应按规范和设计要求及时整改到位。

2.6.4 应按照现行《公路工程质量检验评定标准　第一册　土建工程》(JTG F80/1)所规定的检查项目、方法、频率和设计要求，对路基土建工程进行核验。对于主线渐变段、主线弯桥、互通区匝道等特殊路段的外形尺寸和高程，台背回填质量，路基路面排水系统的衔接，搭板、过渡板、伸缩缝槽口和预埋钢筋等应进行重点检查。

2.7 “零污染”管控

2.7.1 施工单位进场后，由建设单位牵头，组织各参建单位成立“零污染”管控小组，并制定专项管理办法。施工单位根据工程具体情况对施工污染源进行确认，编制“零污染”施工方案，经监理单位批准后报备建设单位。

2.7.2 施工单位在施工前，应对施工路段的便道口进行排查梳理，封闭不再使用的便道，仍需使用的由相关责任单位设置值班岗亭并做好“零污染”管控措施，如道路硬化、设置洗车池、配备高压冲洗设备等，防止场外污染源带入施工现场。施工现场设卡管控进出车辆如图2.7.2所示。

图2.7.2　施工现场设卡管控进出车辆

2.7.3 已施工路段，路基、路面、绿化、房建、机电等各参建单位在交叉施工时，应切实做好防污染措施。桥梁临时伸缩缝采用土工布包裹级配碎石后加铺沥青混合料回填平整密实，桥隧过渡板台阶采用路面材料回填平顺，已施工路段应及时做好交通布控。

2.7.4　基层施工前,应完成砌体、边坡防护、过渡板、绿化、管道预埋、交安工程基础、隔离栅等工程。沥青稳定碎石基层施工前,应完成中央分隔带回填土、回填砂、路缘石、缝隙式排水沟等。沥青上面层施工前,除波形梁护栏板等必要紧后工序外,其他工序应全部完成。

2.7.5　施工单位应配备专门的设备和人员,负责路面已施工路段的日常保洁,局部受污染路面应及时清理,避免污染面扩散。

2.8　均质化管控

2.8.1　路面施工单位进场后,应及时编制完成路面工程均质化实施方案,提出路面工程质量均质化管控目标,指导全过程路面工程建设。

2.8.2　建设单位应组织路面工程均质化实施方案评审,方案通过评审后方可组织施工。

2.8.3　交工验收后,施工单位应对均质化的实施效果进行总结形成报告,经建设单位复核后报备福建省高速公路建设总指挥部(以下简称"省高指")。

2.8.4　均质化指标偏差较大的,建设单位应组织专题分析。

3 水泥稳定碎石底基层、基层

3.1 一般规定

3.1.1 水泥稳定碎石底基层、基层应在雨季前组织施工,施工期的最低气温应在5℃以上。

3.1.2 若路基移交后未及时施工,施工单位应对路槽进行修整和检测,满足规范要求方可开始施工水稳层。

3.1.3 雨季施工时,应特别注意气候变化,勿使水泥和混合料遭雨淋。降雨时应停止施工,但已经摊铺的水泥稳定碎石混合料应尽快碾压密实并及时覆盖。

3.1.4 水稳层应采用集中厂拌法拌制混合料,并采用摊铺机摊铺,从加水拌和到碾压终了的时间不应超过水泥初凝时间。

3.1.5 应严格掌握底基层、基层厚度和高程,其路拱横坡应与面层一致。

3.1.6 应在混合料处于或略大于最佳含水率时进行碾压,直至达到按重型击实试验法确定的要求压实度,底基层要求不小于97%,基层要求不小于98%。

3.1.7 应根据结构设计情况、施工工艺和机械设备配备等具体情况,确定适宜的单层施工厚度,并通过试验路段验证后经监理工程师审批实施,分层施工时下层应稍厚。严禁采用薄层贴补法进行找平。分层铺筑时,每层都要做压实度检验,并应达到规定要求。压实度检测时挖出的坑洞应及时进行有效回填。

3.1.8 水泥稳定碎石分层施工时,下承层应保持表面湿润干净。为增加上下层之间的黏结性,在铺筑上层水泥稳定碎石时,宜在下层表面撒少量水泥或洒水泥浆。

3.1.9 同一路段水稳层左右幅施工应错开,分层施工时,半幅两层连续施工完成并养生到位后再开始另外半幅的施工。

3.1.10 每一段碾压完成并经压实度检查合格后,应立即开始养生。

3.2　材料要求

3.2.1　集料应符合以下要求:

1　底基层集料的压碎值不大于30%,基层集料的压碎值不大于22%,当采用花岗岩作为基层时压碎值可不大于25%,破碎时应确保经过一道反击破或圆锥破。

2　用于底基层时,单个颗粒的最大粒径不大于37.5mm,用于基层时,单个颗粒的最大粒径不大于31.5mm。集料应筛分成至少4个规格,一般底基层分37.5~19mm、19~9.5mm、9.5~4.75mm、4.75~0mm,基层分31.5~19mm、19~9.5mm、9.5~4.75mm、4.75~0mm。各种规格的超尺寸数量不大于10%,欠尺寸数量不大于15%。合成的颗粒组成应符合表3.2.1要求。

表3.2.1　水泥稳定碎石级配组成

层位	通过下列方孔筛筛孔(mm)的质量百分比(%)									液限(%)	塑性指数
	37.5	31.5	26.5	19	9.5	4.75	2.36	0.6	0.075		
底基层	100	90~100	—	67~90	45~68	29~50	18~38	8~22	0~7	<28	<6
基层	—	100	90~100	72~89	47~67	29~49	17~35	8~22	0~7	<28	<6

注:集料中0.6mm以下细集料有塑性指数时,小于0.075mm的颗粒含量不应超过5%;0.6mm以下细集料无塑性指数时,小于0.075mm的颗粒含量不应超过7%。

3　当细集料数量不足时,允许掺配一定比例的砂。砂应洁净、坚硬、干燥,无风化、无杂质,符合级配要求。

3.2.2　水泥应符合以下要求:

1　采用强度等级为32.5级或42.5级水泥,其初凝时间应在3h以上、终凝时间应大于6h且不大于10h。

2　不得使用快硬水泥、早强水泥以及受潮变质的水泥。

3.2.3　水应符合以下要求:

1　符合现行《生活饮用水卫生标准》(GB 5749)规定的饮用水,可直接作为水泥稳定碎石基层、底基层材料拌和与养生用水。

2　拌和使用的非饮用水应进行水质检验,技术要求应符合现行《公路路面基层施工技术细则》(JTG/T F20)的规定。

3.3　混合料组成设计

3.3.1　水泥稳定碎石的混合料组成设计应按照现行《公路路面基层施工技术细则》(JTG/T F20)的规定进行。

3.3.2 各种材料必须在使用前56d选定。施工单位应将具有代表性的样品在监理工程师确认的试验室进行材料的标准试验及混合料组成设计。

3.3.3 水泥稳定碎石的各项试验应按现行《公路工程无机结合料稳定材料试验规程》(JTG 3441)的规定进行。

3.3.4 水泥稳定碎石的组成设计应根据施工图设计文件所规定的强度标准,通过试验确定水泥剂量和最佳含水率。

3.3.5 确定各档集料的掺配比例,使组成级配符合本指南第3.2.1条的规定。

3.3.6 采用集中厂拌法的水泥稳定碎石最小水泥剂量应满足无侧限抗压强度要求,并同时满足底基层水泥剂量不小于3%、基层水泥剂量不小于4%。

3.3.7 水泥稳定碎石混合料配合比设计成果经监理工程师批准后方可使用。

3.4 铺筑试验路段

3.4.1 水泥稳定碎石底基层、基层正式开工之前,施工单位应在监理工程师批准的地点铺筑长度不小于200m的试验路段。

3.4.2 试验路段开始14d之前,施工单位应提出铺筑试验路段的施工方案并报送监理工程师审批。施工方案内容包括人员、材料、机械设备、施工工序和施工工艺等详细说明。

3.4.3 在铺筑试验路段过程中,应做好观察和记录,研究解决发现的各种问题。

3.4.4 通过铺筑试验路段,确定以下主要项目:

1 用于施工的集料级配。

2 确定分层施工厚度。

3 确定松铺厚度和松铺系数(摊铺机行进速度、振幅、频率)。

4 确定标准施工方法:

1)各档集料用量的控制。

2)拌和机械、拌和方法和拌和时间。

3)混合料含水率的调整和控制方法。

4)控制水泥剂量和拌和均匀性的方法。

5)摊铺设备和工艺,包括摊铺机的行进速度、摊铺厚度的控制方式、梯队作业时摊铺机的间隔距离等。

6)压实设备和工艺,包括压实设备的配置和压实的顺序、速度、遍数。

7)拌和、运输、摊铺和碾压机械的协调和配合。

8)压实度的检查方法,初定每作业段的最小检查数量。

5　确定每一作业段的合适长度。

3.4.5　试验路段应在监理工程师监督下进行。如果试验路段经监理工程师批准验收,可作为永久工程的一部分,否则应移除并重做试验路段。

3.4.6　施工单位应根据试验路段所取得的资料与数据,编写试验路段总结报告报监理工程师审查批准,并作为正式开工的依据。试验路段确认的压实方法、压实机械类型、工序、压实系数、碾压遍数和压实厚度、最佳含水率等均作为今后施工现场控制的依据。

3.5　施工要点

3.5.1　准备工作面应符合以下要求:

1　施工单位应在水泥稳定碎石层施工前一天准备好工作面,并报请监理工程师检查验收。

2　对于路基,表面应平整、坚实,具有规定的路拱,没有任何松散的材料和软弱地点。

3　对于水泥稳定碎石层,表面应平整、坚实、干净,具有规定的路拱,没有坑洞、搓板、辙槽以及任何松散材料。

3.5.2　施工放样应符合以下要求:

1　施工单位应在施工前做好放样工作。

2　恢复中线时,每10m设一桩,匝道及主线弯道等小半径路段、结构物与路基过渡段等,应加密设置放样桩位,并在两侧路肩边缘外设指示桩,指示桩上用明显标记标出水泥稳定碎石层边缘的设计高程。用白灰划出水泥稳定碎石层的边缘线。

3.5.3　拌和与运输应符合以下要求:

1　拌制混合料前,必须先调试所用设备,使混合料的颗粒组成和含水率达到规定要求。水泥计量系统应定期进行标定。

2　拌和前应测定各档集料的含水率,根据含水率、天气情况和运距调整加水量,夏季施工时可先对碎石进行洒水湿润。

3　为确保碾压密实,拌和时宜将混合料的用水量提高0.5%~1.0%,以补偿摊铺及碾压过程中的水分损失。

4　料仓上料应有足够数量的装载机,确保拌和楼各仓集料充足。拌和楼在每天结束使用前应清理干净、检查维护，要注意避免水泥结块而堵塞水泥下料口。装载机上料如图3.5.3-1所示。

图3.5.3-1 装载机上料

5 拌和站卸料口下缘至车厢底板不大于2.5m，以避免混合料离析。混合料运输应采用大吨位自卸车，数量应满足施工需要，装料时车辆应前后移动。混合料应尽快运送到铺筑现场，运输过程中应加覆盖，减少水分损失。在摊铺机前应配备一名熟练的工人指挥卸料，避免撞击摊铺机。运输车装料如图3.5.3-2所示。

图3.5.3-2 运输车装料

3.5.4 摊铺应符合以下要求：

1 待等候的混合料运输车多于5辆后开始摊铺混合料并保持摊铺连续。

2 当有大功率摊铺机时，可采用单机全断面摊铺，并通过试验路段比较来确定采用单机还是双机方案。不论采用何种摊铺方案，都应配备一台可自动伸缩以调整宽度的摊铺机。双机联合摊铺如图3.5.4-1所示。

图 3.5.4-1　双机联合摊铺

3　采用单机摊铺时应采用两侧走钢丝的方法控制高程。采用双机联合摊铺作业时,两台摊铺机型号应相同,前后相距 5～10m,前台摊铺机采用路侧钢丝和设置在路中的导梁控制路面高程,后台摊铺机路侧采用钢丝、路中采用滑靴控制高程和厚度。前后两台摊铺重叠 50～100mm,中缝辅以人工修整。挂线施工如图 3.5.4-2 所示。

图 3.5.4-2　挂线施工

4　摊铺过程中应根据拌和能力和运输能力确定摊铺速度,尽量避免停机待料。

5　在摊铺机后面跟随修整小队,对于局部粗细料离析现象,采用细料进行修补,严重部位挖除后用符合要求的混合料填补。离析处理如图 3.5.4-3 所示。

图 3.5.4-3　离析处理

6　摊铺机的混合料高度应不小于螺旋叶片高度的2/3;螺旋布料器应低速、匀速转动,避免高速、停顿和启动。

7　摊铺加宽部分应符合以下要求:

1)合理划分摊铺带,确实无法机械摊铺的部分采用人工摊铺,人工摊铺时应采用挂线法控制高程,松铺厚度应适当高于机械摊铺部分。

2)应组织熟练工人进行人工摊铺,中途不得停顿,加快摊铺和碾压,确保碾压质量。

8　摊铺桥头应符合以下要求:

1)应在施工前一天对桥头工作面进行彻底清理和修整,处理好欠压实、不平整等问题,并扫除松散材料和所有杂物。

2)正交桥头作为摊铺起点时不允许人工摊铺,应使用相应厚度的垫块,并严格按照设计衔接路面结构层和过渡板。

3)斜交桥头等摊铺机无法工作的部位采用人工摊铺,应控制好操作时间、松铺系数和平整度。

3.5.5　碾压应符合以下要求:

1　在摊铺、修整后立即用压路机跟在摊铺机后在全宽范围内进行碾压。碾压应遵循先轻后重、先慢后快、从低到高的原则。

2　应按试验路段确认的方法碾压。横向碾压带应重叠1/2轮宽,纵向碾压段后轮必须超过前一碾压段的终点接缝处。各部分碾压到的次数应尽量相同。压路机压不到的地方用小型机具压实。碾压如图3.5.5所示。

图3.5.5　碾压

3　严禁压路机在已完成的或正在碾压的路段上掉头或紧急制动,保证水泥稳定碎石层表面不受破坏。

4　压实后应做到表面平整,无轮迹或隆起,不得产生“大波浪”现象。

5　可用方木或钢模板做侧模进行碾压或碾压后对边缘进行人工拍打,使边缘整齐、密实。

3.5.6　接缝处理应符合以下要求：

1　施工中应避免纵向接缝。纵向接缝应避开行车道位置,不可避免时必须保证纵向接缝垂直相接,在下一幅施工前,将接缝处松散的混合料铲除。

2　施工横向接缝采用3m直尺检测端部平整度,确定切割范围并划线,将平整度不合格的混合料铲除。横向接缝严禁采用企口缝,上下两层横向接缝要错开1m以上。

3　摊铺因故中断时间超过2h,应设置横向接缝。

3.5.7　养生及交通管制应符合以下要求：

1　碾压完成后应及时养生。根据现场条件因素,可采用合适的养生方式,如喷淋养生、土工布覆盖洒水养生,养生期保持表面潮湿。

2　用洒水车洒水养生时,洒水车的喷头要用喷雾式,不得用高压式喷管,以免破坏基层结构,每日洒水次数应视气候而定。

3　水稳层养生也可采用刚碾压完成仍处于湿润状态时洒布透层、封层进行养生。

4　水稳层养生期应不少于7d。

5　在养生期间应封闭交通,除洒水车外,严禁其他车辆通行。

6　养生完成的水稳层上未铺封层或面层时,除路面施工车辆可慢速(不超过30km/h)通行外,禁止其他车辆通行,确保水稳层不受到污染和破坏。土工布覆盖洒水养生和喷淋养生如图3.5.7所示。

图3.5.7　土工布覆盖洒水养生和喷淋养生

3.6　质量管理及检查验收

3.6.1　必须建立、健全工地试验、质量检查及工序间的交接验收等项目制度。试验、检验应做到原始记录齐全、数据真实可靠。

3.6.2　原材料试验应按照《公路路面基层施工技术细则》(JTG/T F20—2015)第3章及招标文件技术规范的有关规定进行。

3.6.3 施工过程中质量控制的项目、频率和质量标准应符合《公路路面基层施工技术细则》(JTG/T F20—2015)表8.4.5及招标文件技术规范的有关规定。

3.6.4 施工过程中外形尺寸检查项目、频率和质量标准应符合《公路路面基层施工技术细则》(JTG/T F20—2015)表8.4.2的规定。

3.6.5 交工验收的检查项目、频率和质量标准应符合《公路工程质量检验评定标准 第一册 土建工程》(JTG F80/1—2017)表7.7.2的规定。外观方面应做到表面平整密实、无坑洼、无明显离析,施工接茬平整、稳定。

4　级配碎石垫层、底基层、基层

4.1　一般规定

4.1.1　级配碎石结构层严禁雨天施工。

4.1.2　应严格控制垫层、底基层、基层厚度和高程,其路拱和超高应符合设计要求。

4.1.3　级配碎石混合料应采用集中厂拌法拌制,并使用摊铺机摊铺。

4.1.4　级配碎石结构层应在最佳含水率下进行碾压,直至达到下列按重型击实试验法确定的要求压实度:基层不小于99%,底基层不小于97%。

4.1.5　应根据结构设计情况、施工工艺和机械设备配备等具体情况确定适宜的单层施工厚度,并通过试验路段验证后经监理工程师审批实施。严禁用薄层贴补法进行找平。分层铺筑时,每层都要做压实度检验,并应达到规定要求。

4.1.6　合理组织施工,确保级配碎石结构层施工后能封闭交通,避免表层在车辆的行驶作用下松散。

4.2　材料要求

4.2.1　集料应符合以下要求:

1　级配碎石所用石料的压碎值要求:垫层不大于30%,底基层、基层不大于26%。集料必须清洁,不含有机物、块状或团状的土块、杂物及其他有害物质。

2　用于垫层时,单个颗粒的最大粒径应不大于37.5mm,用于底基层、基层时,单个颗粒的最大粒径应不大于31.5mm。集料应筛分成四种规格:底基层、基层分31.5~19mm、19~9.5mm、9.5~4.75mm及4.75~0mm,垫层分37.5~19mm、19~9.5mm、9.5~4.75mm及4.75~0mm。各档集料中超尺寸数量应不大于10%,欠尺寸数量应不大于15%。

3　级配碎石用集料质量应符合表4.2.1-1的规定。

表 4.2.1-1 级配碎石用集料质量技术要求

试验项目	粗集料	细集料
液限(%)	—	≤25
塑性指数	—	≤6
砂当量(%)	—	≥45
压碎值(%)	≤26	—
洛杉矶磨耗值(%)	≤35	—
针片状含量(%)	≤20	—
水洗法小于0.075mm颗粒含量(%)	≤1	≤13
软石含量(%)	≤5	—

注:1. 用于垫层时,水洗法小于0.075mm颗粒含量粗集料可放宽至2%,细集料可放宽至15%。
2. 当单一规格集料的质量指标达不到表中要求,而按照集料配合比计算的质量指标符合要求时,工程上允许使用。

4 合成的颗粒组成应符合表4.2.1-2的要求,形成嵌挤型的粗级配。碎石中针片状颗粒总含量应不大于20%。

表 4.2.1-2 级配碎石级配组成

层位	通过下列筛孔(mm)的质量百分比(%)													
	37.5	31.5	26.5	19	16	13.2	9.5	4.75	2.36	1.18	0.6	0.3	0.15	0.075
底基层 基层	—	100	90~100	78~92	65~86	57~80	45~70	30~55	20~43	13~32	9~24	6~18	3~12	0~7
垫层	100	85~100	65~85	—	42~67	—	20~40	10~27	—	8~20	5~18	—	—	0~10

注:1. 集料的筛分按照现行《公路工程集料试验规程》(JTG 3432)的规定采用水洗法进行。
2. 福建处于多雨潮湿地区,集料混合料中0.6mm以下细粒土有塑性指数时,小于0.075mm的颗粒含量不应超过5%。

5 当细集料(石屑)数量不足时,级配碎石垫层可掺配一定比例的天然砂,底基层、基层不允许掺天然砂,应掺机制砂。

4.2.2 水应符合以下要求:

1 符合现行《生活饮用水卫生标准》(GB 5749)规定的饮用水可直接作为水泥稳定碎石基层、底基层材料拌和与养生用水。

2 拌和使用的非饮用水应进行水质检验,技术要求应符合现行《公路路面基层施工技术细则》(JTG/T F20)的规定。

4.3 混合料组成设计

4.3.1 级配混合料组成设计采用重型击实或振动成型试验方法进行,底基层、基层按照本节规定现行。

4.3.2　各种材料必须在使用前56d选定。施工单位应将具有代表性的样品在监理工程师确认的试验室进行材料的标准试验及混合料组成设计。

4.3.3　施工单位应在级配碎石混合料组成设计开始前,首先选取有代表性的样品进行以下原材料试验:颗粒组成分析、液限和塑性指数、相对密度、砂当量、压碎值、洛杉矶磨耗值、击实试验、针片状颗粒含量、软石含量。

4.3.4　级配碎石混合料采用重型击实或振动成型试验方法进行设计,确定最佳含水率,最佳含水率下级配碎石混合料固体体积率不小于85%,CBR(加州承载比)强度要求见表4.3.4。

表4.3.4　级配碎石材料的CBR强度标准

结构层	公路等级	极重、特重交通	重交通	中、轻交通
基层	高速公路和一级公路	≥200	≥180	≥160
底基层	高速公路和一级公路	≥120	≥100	≥80

注:1. CBR为最佳含水率下三层击实98次、4d饱水的CBR。

2. 计算体积指标时采用集料的毛体积密度,固体体积率为最大干密度除以混合料合成毛体积密度。

3. 级配碎石垫层混合料可以不要求固体体积率指标。

4. 固体体积率计算方法:

计算合成毛体积密度时,应采用2.36~4.75mm网篮法测定的毛体积密度替代0~4.75mm细集料的密度的方法计算合成毛体积密度。按式(4.3.4-1)计算固体体积率。

$$V_G = \frac{\rho_{干}}{\rho_{sb}} \tag{4.3.4-1}$$

式中:V_G——固体体积率;

$\rho_{干}$——重型击实试件的干密度;

ρ_{sb}——合成毛体积密度,按式(4.3.4-2)计算。

$$\rho_{sb} = \frac{100}{\frac{P_1}{\rho_1} + \frac{P_2}{\rho_2} + \cdots + \frac{P_n}{\rho_n}} \tag{4.3.4-2}$$

式中:P_1、P_2、…、P_n——各档矿料配合比,其和为100;

ρ_1、ρ_2、…、ρ_n——各档集料的毛体积密度,其中粗集料采用网篮法测定的毛体积密度,0~4.75mm档料应采用2.36~4.75mm网篮法测定的毛体积密度代替。

4.3.5　级配碎石混合料按以下步骤设计:

1　按实际使用的集料,分别进行筛分,按颗粒组成进行计算,在表4.2.1-1规定的范围调配曲线,形成嵌挤型的粗级配。

2　对每种级配选取5个含水率进行重型击实试验,确定级配碎石的最佳含水率及最大干密度。

3　在最佳含水率下成型试件,进行级配碎石4d饱水的CBR试验。

4　选取CBR值大的,而且固体体积率满足设计要求的为设计级配,并将该设计级配作为标准级配。

4.4 铺筑试验路段

4.4.1 级配碎石结构层在正式开工之前,施工单位应在监理工程师批准的地点铺筑长度不小于200m的试验路段。

4.4.2 试验路段开始14d之前,施工单位应提出铺筑试验路段的施工方案报送监理工程师审批。施工方案内容包括:人员、材料、机械设备、施工工序和施工工艺等详细说明。

4.4.3 在铺筑试验路段过程中,应做好观察和记录,研究解决发现的各种问题。

4.4.4 通过铺筑试验路段,确定以下主要项目:

1 用于施工的配合比。调试拌和机,测量其计量的准确性。调整拌和方法、拌和时间,保证混合料均匀性。检查混合料含水率、集料级配、4d饱水CBR值。

2 确定分层施工厚度。

3 确定松铺厚度和松铺系数(摊铺机行进速度、振幅、频率)。

4 确定标准施工方法:

1)各档集料用量的控制。

2)拌和机械、拌和方法和拌和时间。

3)混合料含水率的调整和控制方法。

4)摊铺设备和工艺,包括摊铺机的行进速度、摊铺厚度的控制方式、梯队作业时摊铺机的间隔距离等。

5)压实设备和工艺,包括压实设备的配置和压实的顺序、速度、遍数。

6)拌和、运输、摊铺和碾压机械的协调和配合。

7)压实度的检查方法,初定每作业段的最小检查数量。

5 确定每一作业段的合适长度。

4.4.5 试验路段应在监理工程师监督下进行。如果试验路段经监理工程师批准验收,可作为永久工程的一部分,否则应移除并重做试验路段。

4.4.6 施工单位应根据试验路段所取得的资料与数据,编写试验路段总结报告报监理工程师审查批准,并作为正式开工的依据。试验路段确认的压实方法、压实机械类型、工序、压实系数、碾压遍数和压实厚度、最佳含水率等均作为今后施工现场控制的依据。

4.5 施工要点

4.5.1 准备工作面应符合以下要求:

1　施工单位应在级配碎石结构层施工前一天准备好工作面,并报请监理工程师检查验收。

2　对于路基,表面应平整、坚实,具有规定的路拱,没有任何松散的材料和软弱地点。

3　对于稀浆封层下封层,表面应平整、坚实、干净,具有规定的路拱,没有龟裂、坑洞、搓板、辙槽以及任何松散材料;对于沥青表处下封层,表面应平整密实,不应有松散、油包、油丁、波浪、泛油、封面料明显散失或过多的现象。

4　对于级配碎石结构层,表面应平整密实,边线整齐,无松散。

4.5.2　施工放样应符合以下要求:

1　施工单位应在施工前做好放样工作。

2　恢复中线时,一般每10m设一桩,匝道及主线弯道等小半径路段、结构物与路基过渡段等,应加密设置放样桩位,并在两侧路肩边缘外设指示桩,在指示桩上用明显标记标出级配碎石结构层边缘的设计高程。要用白灰划出级配碎石层的边缘线。

4.5.3　拌和与运输应符合以下要求:

1　拌制混合料前,必须先调试所用设备,使混合料的颗粒组成和含水率达到规定要求。

2　拌和前应测定各档集料的含水率,根据含水率、天气情况和运距调整加水量。

3　为确保碾压密实,拌和时宜将混合料的用水量提高0.5% ~1.0%,以补偿摊铺及碾压过程中的水分损失。

4　料仓上料应有足够数量的装载机,确保拌和楼各仓集料充足。拌和楼在每天结束使用前应清理干净、检查维护。

5　拌和站卸料口下缘至车厢底板不大于2.5m,以避免混合料离析。混合料运输应采用大吨位自卸车,数量应满足施工需要,装料时车辆应前后移动。混合料应尽快运送到铺筑现场,运输过程中应加覆盖,减少水分损失。在摊铺机前应配备一名熟练的工人指挥卸料,避免撞击摊铺机。

4.5.4　摊铺应符合以下要求:

1　待等候的混合料运输车多于5辆后开始摊铺混合料,并保持连续摊铺。

2　当有大功率摊铺机时,可采用单机全断面摊铺,并通过试验路段比较来确定采用单机还是双机方案。不论采用何种摊铺方案,都应配备一台可自动伸缩以调整宽度的摊铺机。多机联合摊铺如图4.5.4所示。

3　采用单机摊铺时,应采用两侧走钢丝的方法控制高程。现场摊铺采用两台摊铺机阶梯式联合摊铺作业,两台摊铺机前后相距5~10m,前台摊铺机采用路侧钢丝和设置在路中的导梁控制路面高程,后台摊铺机路侧采用钢丝、路中采用滑靴控制高程和厚度。前后两台摊铺重叠50~100mm,中缝辅以人工修整。

图 4.5.4 多机联合摊铺

4 摊铺过程中应该随时注意材料离析情况，在双机连接处容易离析，应设专人消除粗细集料离析现象。严重离析部位挖除后用符合要求的混合料填补。

5 摊铺机的混合料高度应不小于螺旋叶片高度的 2/3；螺旋布料器应低速、匀速转动，避免高速、停顿和启动。

6 摊铺加宽部分应符合以下要求：

1）合理划分摊铺带，确实无法机械摊铺的部分采用人工摊铺，人工摊铺时应采用挂线法控制高程，松铺厚度应适当高于机械摊铺部分。

2）应组织熟练工人进行人工摊铺，中途不得停顿，加快摊铺和碾压，确保碾压质量。

7 摊铺桥头应符合以下要求：

1）应在施工前一天对桥头工作面进行彻底清理和修整，处理松散、欠压实、不平整等问题，并扫除松散材料和所有杂物。

2）正交桥头作为摊铺起点时不允许人工摊铺，应使用相应厚度的垫块，并严格按照设计衔接路面结构层和过渡板。

3）斜交桥头等摊铺机无法工作的部位采用人工摊铺，控制好操作时间、松铺系数和平整度。

8 摊铺过程中应根据拌和能力和运输能力确定摊铺速度。

4.5.5 碾压应符合以下要求：

1 在摊铺、修整后立即用压路机跟在摊铺机后在全宽范围内进行碾压。碾压应遵循先轻后重、先慢后快、从低到高的原则。

2 应按试验路段确认的碾压方法施工，横向碾压带应重叠 1/2 轮宽，纵向碾压段后轮必须超过两段的接缝处。各部分碾压到的次数应尽量相同。压路机碾压不到的地方用小型机具压实。压路机碾压如图 4.5.5-1 所示。小型机具碾压边部如图 4.5.5-2 所示。

图4.5.5-1　压路机碾压

图4.5.5-2　小型机具碾压边部

3　无侧限路段摊铺宽度应略大于设计宽度,碾压前人工拍实外侧边缘,压路机靠边碾压,同时应配合平板夯加强边缘的碾压,确保碾压密实、边线整齐。

4　严禁压路机在已经碾压成型的或正在碾压的级配碎石路段上掉头或紧急制动。

5　压实后应做到表面平整密实,无轮迹或隆起,不得产生"大波浪"现象,施工过程中及时用3m直尺进行平整度检测,不合格立即处理。

4.5.6　接缝处理应符合以下要求:

1　应避免纵向接缝。在不能避免纵向接缝的情况下,纵向接缝首先做成45°斜缝,下次施工前再挖成企口缝。

2　横向接缝处理。靠近摊铺机当天未压实的混合料,可与第二天摊铺的混合料一起碾压,接缝处混合料含水率明显降低时应人工洒水,使其含水率达到规定的要求。

4.5.7　级配碎石层在施工完毕后禁止开放交通。同时应在级配碎石层表面水分蒸发后略显潮湿的状态下及时洒布透层油,黏层油尽量安排在ATB施工(沥青处治碎石施工)的前一天或当天洒布,待乳化沥青破乳、水分蒸发完成,紧跟着铺筑沥青层。

4.6 质量管理及检查验收

4.6.1 必须建立、健全工地试验、质量检查及工序间的交接验收等项目制度。试验、检验应做到原始记录齐全、数据真实可靠。

4.6.2 原材料试验应按照《公路路面基层施工技术细则》(JTG/T F20—2015)第3章及招标文件技术规范的有关规定进行。

4.6.3 施工过程中质量控制的项目、频度和质量标准应符合《公路路面基层施工技术细则》(JTG/T F20—2015)表8.4.5及招标文件技术规范的有关规定(对弯沉值检验不做要求)。底基层与基层要求相同,垫层的压实度、固体体积率要求见相关条文。级配碎石层级配允许波动范围见表4.6.3。

表4.6.3 级配碎石矿料级配允许波动范围

级配类型	通过下列筛孔(mm)的质量百分率(%)												
	31.5	26.5	19	16	13.2	9.5	4.75	2.36	1.18	0.6	0.3	0.15	0.075
允许波动范围	±7							±6					±2

注:1. 建议在拌和站皮带运输机上取样,具体取样方法按照现行《公路工程集料试验规程》(JTG 3432)的规定进行,最小取样质量为40kg;在施工现场取样时,应采取措施确保样品的代表性。
2. 标准级配指的是通过试验室室内标准试验确定的设计级配。

4.6.4 施工过程中外形尺寸检查项目、频度和质量标准应符合《公路路面基层施工技术细则》(JTG/T F20—2015)表8.4.2和《福建省高速公路建设质量管理纲要》的规定。垫层与底基层要求相同。

4.6.5 交工工程外形的检查项目、频度和质量标准应符合《公路工程质量检验评定标准 第一册 土建工程》(JTG F80/1—2017)表7.8.2的规定。外观方面应做到表面平整密实、边线整齐,无松散。

5　透层、黏层与下封层

5.1　一般规定

5.1.1　气温低于10℃或遇大风或即将降雨时不得施工。

5.1.2　透层宜采用高渗透乳化沥青和稀释沥青。黏层宜采用快裂或中裂乳化沥青、改性乳化沥青,桥面防水黏层可采用改性乳化沥青、改性沥青。下封层宜采用单层热沥青表处、稀浆封层、同步碎石封层。

5.1.3　黏层、封层中所用的预拌碎石油石比宜为0.3%～0.5%。

5.1.4　下封层的厚度应满足设计要求,当厚度不足时由上一层补齐。

5.1.5　下封层应紧跟上道工序及时施作。

5.2　材料及设备要求

5.2.1　透层、黏层材料及设备要求如下:

1　材料。

1)透层和黏层材料使用之前应按照现行《公路工程沥青及沥青混合料试验规程》(JTG E20)的规定进行试验,且满足表5.2.1的要求。

表5.2.1　高渗透乳化沥青透层油技术要求

项目	单位	PC-2	PA-2	试验方法
破乳速度	—	慢裂或中裂	慢裂或中裂	T 0658
粒子电荷	—	阳离子(+)	阴离子(-)	T 0653
筛上残留物含量(0.6mm筛)	%	≤0.1	≤0.1	T 0652
赛波特黏度(25℃)	s	3～50	3～50	T 0623
恩格拉黏度(25℃)	Pa·s	1～15	1～15	T 0622

续上表

<table>
<tr><th colspan="2">项目</th><th>单位</th><th>PC-2</th><th>PA-2</th><th>试验方法</th></tr>
<tr><td colspan="2">粒径体积分数(5μm)</td><td>%</td><td>≥90</td><td>≥90</td><td>T 0681</td></tr>
<tr><td colspan="2">渗透时间</td><td>s</td><td>≤280
(240)</td><td>≤280
(240)</td><td>T 0680</td></tr>
<tr><td rowspan="4">蒸发残留物</td><td>残留物含量</td><td>%</td><td>≥45</td><td>≥45</td><td>T 0651</td></tr>
<tr><td>溶解度</td><td>%</td><td>≥95</td><td>≥95</td><td>T 0607</td></tr>
<tr><td>针入度(25℃)</td><td>0.1mm</td><td>60 ~ 200</td><td>60 ~ 200</td><td>T 0604</td></tr>
<tr><td>延度(15℃)</td><td>cm</td><td>≥40</td><td>≥40</td><td>T 0605</td></tr>
<tr><td colspan="2">与粗集料的黏附性</td><td>级</td><td>≥3</td><td>≥3</td><td>T 0654</td></tr>
<tr><td rowspan="2">常温储存稳定性</td><td>1d</td><td>%</td><td>≤1</td><td>≤1</td><td rowspan="2">T 0655</td></tr>
<tr><td>5d</td><td>%</td><td>≤5</td><td>≤5</td></tr>
<tr><td colspan="2">低温储存稳定性</td><td>—</td><td>无粗颗粒、
无结块</td><td>无粗颗粒、
无结块</td><td>T 0656</td></tr>
</table>

2)黏层所使用的基质沥青的种类、标号应采用与面层相同的道路石油沥青。

3)透层、黏层油用量,应根据下卧层的类型通过试洒确定,并符合现行《公路沥青路面施工技术规范》(JTG F40)的规定。

2 设备。

1)应配备清刷机、鼓风机等清理设备,确保施工前下承层洁净。

2)透层与黏层洒布应采用自动控制洒布量和温度的专用设备。洒布设备可根据路面宽度调节洒布宽度,并呈雾状均匀洒布。

5.2.2 下封层材料及设备要求如下:

1 材料。

1)层铺法下封层应采用与面层所使用的种类、标号相同的重交石油沥青,沥青的规格和质量应符合现行《公路沥青路面施工技术规范》(JTG F40)的规定。道路石油沥青洒布量应控制在 0.7 ~ 1.0kg/m^2,碎石宜采用 4.75 ~ 9.5mm 规格,撒布量控制在 7 ~ 9kg/m^2,以满铺但不重叠为原则。当封层上层结构为沥青层时应使用预拌碎石,否则采用洁净干燥的碎石即可。

2)稀浆封层宜采用细封层和中封层级配,乳化沥青的技术指标应符合规范要求。添加剂可分为促凝剂和缓凝剂,其作用主要是加快或减缓乳化沥青在稀浆混合料中的破乳速度,从而调节成浆状态,满足拌和摊铺和开放交通的需要。

2　设备。

1)热沥青表处下封层沥青洒布应采用同步封层洒布设备,碎石碾压宜采用轻型压路机。

2)稀浆封层必须使用专用设备进行施工。

5.3　施工要点

5.3.1　透层和黏层施工工序如下:

1　机具准备。检查沥青喷洒车的完好状况,标定喷洒量。

2　下承层清理。先用强力清刷机将基层表面进行全面清扫,并将浮尘吹净,必要时用水冲洗。

3　喷洒。

1)根据透层油类型确定喷洒工艺,当采用高渗透乳化沥青时,宜在碾压成型后表面稍干未干时喷洒。

2)透层油洒布后的养生时间根据透层油品种和气候条件确定,确保稀释沥青中稀释剂全部挥发,乳化沥青渗透且水分蒸发后,尽早施作黏层或下封层。

3)透层应按设计用量一次洒布均匀,当有遗漏时,可用人工补洒。水稳层渗透深度应不小于3mm,级配碎石层渗透深度应不小于5mm。

4)乳化沥青黏层应提前洒布,待乳化沥青破乳、水分蒸发后,尽早铺筑沥青层,确保黏层不受污染。

5)黏层应全宽度均匀洒布,不得出现洒花、漏空、条状、堆积、流淌等现象。喷洒不足应补洒,喷洒过量应刮除。

6)黏层油喷洒完后为防止粘轮,宜撒布少量4.75~9.5mm预拌碎石。

7)凡结构物与沥青层接触部位必须均匀涂刷黏层油。同时还应注意保护桥头、涵顶及路面两侧的结构物不受污染。喷洒乳化沥青透层如图5.3.1-1所示。改性乳化沥青黏层喷洒效果如图5.3.1-2所示。

图5.3.1-1　喷洒乳化沥青透层

图 5.3.1-2 改性乳化沥青黏层喷洒效果

4 交通管制。喷洒透层、黏层沥青后,应严格封闭交通,防止层间污染。

5.3.2 下封层施工工序如下:

1 热沥青表处施工:

1)清扫下承层。

2)根据设计要求选择沥青和碎石,道路石油沥青洒布温度控制在 150 ~ 165℃。洒布应均匀、不流淌,保证洒布连续性。

3)设置同步碎石封层车计算机参数(需根据试验段总结数据及经验适当修正技术参数)。

4)同步封层车撒布后,使用轻型胶轮压路机趁热将碎石压入沥青层,从两侧向中间进行,碾压速度不超过 2km/h。扫除多余松散颗粒。

5)施工后除路面施工车辆可慢速(行车速度不超过 20km/h)通行外,其余车辆禁止通行。碎石封层施工效果如图 5.3.2 所示。

图 5.3.2 碎石封层施工效果

2　稀浆封层施工：

1)稀浆封层设备应严格按照设计配合比进行标定、调试。

2)稀浆封层摊铺作业时控制好车速,摊铺厚度要均匀,左右接缝与前后接缝要平整,禁止出现漏铺和过厚现象。接缝处的平整度应不小于6mm。

3)稀浆封层破乳后可采用胶轮压路机碾压1~2遍,碾压掌握好时机,过早易出现轮迹和剥落。

4)稀浆封层铺筑后的表面不得有超粒径拖拉的严重划痕。

5)施工期间必须封闭交通,待干燥成型后方可开放交通,通行车辆严禁在封层上掉头、制动、起步,确保封层的完整性。

5.4　质量管理及检查验收

5.4.1　透层及黏层施工过程中原材料质量、洒布量控制应符合现行《公路沥青路面施工技术规范》(JTG F40)的规定。

5.4.2　热沥青表处和稀浆封层施工质量控制应符合现行《公路沥青路面施工技术规范》(JTG F40)的规定。

6 热拌沥青混合料基层、面层

6.1 一般规定

6.1.1 沥青路面不得在气温低于10℃的情况下施工。

6.1.2 沥青路面应加强施工过程质量控制,实行动态质量管理。

6.1.3 外购集料、混合料应派专人驻场监造,严格把控质量。

6.1.4 所有与工程建设有关的原始记录、试验检测及计算数据、汇总表格,必须如实记录和保存。对已经采取措施进行返工和补救的项目,可在原始记录和数据上注明,但不得销毁。

6.1.5 施工前应对沥青拌和楼、摊铺机、压路机等各种施工机械和设备进行调试,对机械设备的配套情况、技术性能、传感器计量精度等进行认真检查、标定,并得到监理的认可。

6.1.6 正式开工前,各种原材料试验目标配合比设计、生产配合比设计,应在规定的期限内提交监理工程师,审批通过后方可使用。

6.1.7 沥青结构层施工前应以结构物为界确保连续10km段落内全部路基工程(包括桥隧、防护、绿化)和交通安全设施基础等全部完工,同时全线隔离栅、中分带绿化回填土、隧道进出口转向车道全部完成,确保沥青结构层连续施工。还应针对现场实际情况,采取一切有效措施,杜绝交叉施工和运输等污染。

6.1.8 路面施工单位应提前一天准备好工作面并报请监理工程师检查验收,要求任何结构层表面都平整、坚实、干净,具有规定的路拱,没有松散、坑槽等缺陷。对与结构物衔接的部位应重点检查,工作面验收合格后监理应现场签认后方可实施下一道工序,验收单应存放现场以备抽查。若因天气或其他原因导致工作面验收后未能及时施工上层,应在施工前重新验收该工作面。

6.1.9 路面设计宜结合实际条件,科学运用温拌、再生、高模量沥青路面等技术。

6.2　材料要求

6.2.1　沥青结合料应符合以下要求：

1　道路石油沥青。

1)应满足表6.2.1-1～表6.2.1-3中道路石油沥青70号、50号、35号的各项技术指标要求及项目沥青采购招标文件和设计文件的技术要求。应测定其相对密度。

表6.2.1-1　70号道路石油沥青技术要求

试验项目		单位	技术要求
针入度(25℃,5s, 100g)		0.1mm	60～70
针入度指数PI		—	≥-1.5～+1.0
延度(5cm/min,15℃)		cm	≥100
延度(5cm/min,10℃)		cm	≥15
软化点(环球法)		℃	≥47
60℃动力黏度		Pa·s	≥180
闪点(COC)		℃	≥260
含蜡量(蒸馏法)		%	≤2.0
密度(15℃)		g/cm^3	实测记录
溶解度(三氯乙烯)		%	≥99.5
TFOT(薄膜烘箱试验)或RTFOT(旋转薄膜烘箱试验)	质量变化	%	≥±0.8
	针入度比	%	≥61
	延度(10℃)	cm	≥6

表6.2.1-2　50号道路石油沥青技术要求

试验项目		单位	技术要求
针入度(25℃,5s, 100g)		0.1mm	40～60
针入度指数PI		—	≥-1.5～+1.0
延度(5cm/min,15℃)		cm	≥80
延度(5cm/min,10℃)		cm	≥15
软化点(环球法)		℃	≥49
60℃动力黏度		Pa·s	≥200
闪点(COC)		℃	≥260
含蜡量(蒸馏法)		%	≤2.0
密度(15℃)		g/cm^3	实测记录
溶解度(三氯乙烯)		%	≥99.5
TFOT或RTFOT	质量变化	%	≤±0.8
	针入度比	%	≥63
	延度(10℃)	cm	≥4

表 6.2.1-3　35 号道路石油沥青技术要求

试验项目		单位	技术要求
针入度(25℃,5s,100g)		0.1mm	30～45
针入度指数 PI		—	≥－1.5
延度(5cm/min,25℃)		cm	—
软化点(环球法)		℃	≥52～60
60℃动力黏度		Pa·s	≥500
闪点(COC)		℃	≥245
蜡含量(蒸馏法)		%	≤2
密度(15℃)		g/cm^3	实测记录
溶解度(三氯乙烯)		%	≥99
TFOT 或 RTFOT	质量变化	%	≤±0.5
	针入度	%	≥65

2)沥青必须按品种、标号分开存放。除长期不使用的沥青可放在自然温度下储存外,沥青在储罐中的储存温度不宜低于 130℃,并不高于 170℃。桶装沥青应直立堆放,加盖苫布。

3)道路石油沥青在储运、使用及存放过程中应有良好的防水措施,避免雨水或加热管道蒸气进入沥青中。石油沥青储存如图 6.2.1 所示。

图 6.2.1　石油沥青储存

2　改性沥青。

1)应满足表 6.2.1-4 中 SBS(苯乙烯-丁二烯-苯乙烯嵌段共聚物)改性沥青 I-D 级的各项技术指标要求及项目改性沥青采购招标文件和设计文件的技术要求。

表 6.2.1-4　I-D 级 SBS 改性沥青技术要求

试验项目	单位	技术指标
针入度(25℃,100g,5s)	0.1mm	40～60
针入度指数 PI	—	≥0
延度(5cm/min,5℃)	cm	≥20

续上表

试验项目		单位	技术指标
软化点(环球法)		℃	≥70
运动黏度(135℃)		Pa·s	≤3
闪点(COC)		℃	≥230
溶解度(三氯乙烯)		%	≥99
储存稳定性:离析,48h 软化点差		℃	≤2.5
弹性恢复(25℃)		%	≥85
TFOT 或 RTFOT	质量变化	%	≤ ±1.0
	针入度比(25℃)	%	≥65
	延度(5℃)	cm	≥15
	软化点差	℃	-5 ~ +8

2)制造改性沥青的基质沥青应与改性剂有良好的配伍性。供应商在提供改性沥青的质量报告时应提供基质沥青的质量检验报告和沥青样品。

3)改性沥青宜采用成品沥青,结合实际条件也可在现场集中制作,改性沥青的加工温度不宜超过180℃。

4)现场制造的改性沥青宜随配随用,需做短时间保存,或运送到附近的工地时,使用前必须搅拌均匀,在不发生离析的状态下使用。改性沥青制作设备必须设有随机采集样品的取样口,采集的试样宜立即在现场灌模。

5)成品改性沥青运达施工现场后应储存在配备搅拌设备的储存罐中,使用前必须搅拌均匀。在施工过程中应定期取样检测,质量不符不得使用。

6.2.2　矿料应符合以下要求:

1　粗集料。

高速公路集料使用前应进行岩性分析,粗集料采用具有足够强度和耐磨性的碎石,其表面应清洁、无风化、无杂质。其质量要求见表6.2.2-1。当单一规格集料的针片状、小于0.075mm的颗粒含量指标达不到表中要求,而按照集料配合比计算的质量指标符合要求时,工程上允许使用。

表6.2.2-1　高速公路沥青面层粗集料质量要求

指标	单位	技术要求				试验方法
		重及以上交通		中等交通		
		表、中面层	其他层位	表、中面层	其他层位	
压碎值	%	≤20	≤24	≤24	≤26	T 0316
洛杉矶磨耗值	%	≤25	≤28	≤28	≤30	T 0317
微型狄法尔磨耗值	%	≤16	≤20	≤16	≤25	T 0362
表观相对密度	—	2.60~3.0	2.60~3.0	2.60~3.0	2.60~3.0	T 0304

续上表

指标		单位	技术要求				试验方法
			重及以上交通		中等交通		
			表、中面层	其他层位	表、中面层	其他层位	
吸水率		%	≤2.0	≤2.0	≤2.0	≤3.0	—
对沥青的黏附性		—	≥5	≥4	≥5	≥4	T 0616
坚固性质量损失	硫酸镁溶液	%	≤8	≤8	≤8	≤11	T 0314
	硫酸钠溶液		≤5	≤5	≤5	≤8	
冻融质量损失	纯水	%	≤1	≤1	≤1	≤1	T 0364
	氯化钠水溶液		≤5	—	≤5	—	
针片状颗粒含量	混合料	%	≤15	≤18	≤15	≤18	T 0312
	单粒径大于9.5mm		≤12	≤15	≤12	≤15	
	粒径小于9.5mm		≤15	≤18	≤18	≤20	
0.075mm 通过率		%	≤1	≤1	≤1	≤1	T 0310
软石含量		%	≤3	≤5	≤3	≤5	T 0320
高温稳定性试验	质量损失	%	≤3				T 0364
	磨耗值变化		≤8				
热老化试验	母岩抗热老化性	%	无灰色/白色星形斑点或放射形发丝状细裂缝				T 0365
	质量损失		≤1				
	磨耗值变化		≤6				
铁含量		%	≤1				—

注:1. 压碎值、洛杉矶磨耗值和微型狄法尔磨耗值应选择其一进行检验。
2. 当吸水率不大于1.0%时,坚固性和冻融试验可不予要求。当吸水率大于1.0%时,坚固性和冻融试验应选择其一进行检验。坚固性试验,可选择饱和硫酸钠溶液法或硫酸镁溶液法其一进行检验,当有争议时以饱和硫酸镁溶液为准。冻融试验,沿海地区表面层可选择氯化钠水溶液法,其他条件选择纯水法。当坚固性、冻融试验检验合格时,吸水率指标可不做要求;但当吸水率超出表中要求时,但应在配合比设计确定沥青用量和混合料生产时予以考虑。
3. 对S14集料,吸水率和针片状颗粒含量可不予要求。
4. 高温稳定性试验、热老化试验为选择性指标,必要时可作为评价指标;当设计文件未做要求时,应进行实测。
5. S13、S14集料的0.075mm通过率按括号中要求。当干筛的0~0.15mm颗粒的亚甲蓝值不大于7%时,0.075mm通过率可较表中规定值再放宽1%。对重矿渣集料,其0.075mm通过率可适当放宽。
6. 热老化试验仅用于评价玄武岩集料,特别是新生代的玄武岩。当母岩抗热老化性检验通过时,可不做检验质量损失和磨耗值变化。
7. 稀浆封层、微表处和碎石封层的集料应符合重及以上交通条件下表面层的规定。
8. 对于常温施工沥青路面,粗集料可不做评价高温稳定性和热老化。

2　细集料。

1)细集料包括天然砂、人工机制砂和石屑,其质量要求见表6.2.2-2。

表 6.2.2-2　高速公路沥青面层用细集料质量要求

指标		单位	技术要求		试验方法
			极重、特重交通	重、中等交通	
表观相对密度		—	≥2.60	≥2.60	T 0328
坚固性	硫酸镁溶液	%	≤18	≤18	T 0340
	硫酸钠溶液		≤8	≤8	
含泥量		%	≤1	≤3	T 0333
砂当量	0~5mm	%	≤65	≤60	T 0334
	0~3mm	%	≤55	≤55	
亚甲蓝	MBV:0~2.36mm	g/kg	≤2	≤2.5	T 0349
	MBV_F:0~0.15mm		≤7	≤10	
棱角性(流动时间)		%	≥35	≥35	T 0345

注:1. 坚固性试验,可选择饱和硫酸钠溶液法或饱和硫酸镁溶液法其一进行检验,当有争议时以饱和硫酸镁溶液为准。
2. 含泥量适用于评价天然砂洁净程度。
3. 砂当量和亚甲蓝可选择其一进行检测。当0.075mm通过率不大于3%时,无须检验;当0.075mm通过率大于3%时,只需砂当量和亚甲蓝其中之一检验合格即评价为合格。
4. 对于砂当量,S15规格可筛分出0~4.75mm部分进行试验,S16规格可筛分出0~2.36mm部分进行试验。对于亚甲蓝值指标,当0.075mm通过率小于10%时,应筛分出0~2.36mm部分进行试验;当0.075mm通过率不小于10%时,应筛分出0~0.15mm部分进行试验。
5. 将细集料筛出0~2.36mm部分,采用12mm孔径漏斗测定流动时间。对于机制砂应不小于35s,对于石屑应不小于32s,对于天然砂不小于30s。对于PA(多孔沥青)、超薄磨耗层和微表处的细集料应不小于35s。

2)AC(密级配沥青混凝土)和SMA(沥青玛瑞脂碎石)混合料不应使用天然砂,ATB(密级配沥青稳定碎石)混合料视配合比情况可掺配天然砂,其数量不应超过集料总量的10%。

3　填料。

矿粉应采用石灰岩或岩浆岩中的强基性岩石等憎水性石料经磨细得到,要求干燥,不含泥土,其中母岩碳酸钙含量不小于70%,其质量应符合表6.2.2-3的技术要求。为改善石料与沥青的黏附性,要求在矿粉中掺加矿粉总量20%的一级消石灰。

表 6.2.2-3　高速公路沥青用矿粉质量要求

指标		单位	技术要求	试验方法
外观		—	无团粒结块	目测
表观相对密度		—	≥2.50	T 0352
含水率		%	≤1	T 0103
粒度范围	小于0.6mm	%	100	T 0351
	小于0.15mm		90~100	
	小于0.075mm		75~100	
亲水系数		—	≤1	T 0353

续上表

指标	单位	技术要求	试验方法
亚甲蓝 MBV_F	g/kg	≤5	T 0349
干压空隙率	%	28～42	T 0380
加热安定性	—	实测记录	T 0355
碳酸钙含量	%	≥70	T 0361

6.2.3 其他原材料应符合以下要求：

1 抗剥落剂。

沥青面层用抗剥落剂应耐热并具有良好的耐久性，在薄膜老化后，仍应满足相应技术要求。抗剥落剂掺加量应通过试验确定。

2 纤维稳定剂。

SMA 路面采用优良的纤维稳定剂，掺加比例通过试验确定。纤维稳定剂应在进场时提供质量保证书，并由供应商联合施工、监理单位委托送检，木质素纤维应满足现行《沥青路面用纤维》（JT/T 533）的要求。

6.3 配合比设计

6.3.1 沥青混合料配合比设计应严格按目标配合比设计、生产配合比设计及生产配合比验证三阶段进行。

6.3.2 热拌沥青混合料配合比设计采用马歇尔击实法，有条件宜采用旋转压实法同步验证；成型沥青混合料试件时，应进行短期老化（成型温度 ±5℃条件下放置 2h ±5min）。对于理论最大相对密度、浸水马歇尔及冻融劈裂试验项目也应按此条件进行短期老化。

6.3.3 目标配合比设计应符合以下要求：

1 目的：目标配合比初步确定可行的级配和沥青用量，确定冷料仓的上料比例。

2 依照现行《公路沥青路面施工技术规范》（JTG F40）规定的方法进行目标配合比设计，各项技术指标均应满足要求。福建属于高温多雨地区，所设计的沥青混合料中的粗集料应能形成骨架结构，具有较好的抗车辙能力。

3 设计中混合料的最大理论密度：对于道路石油沥青应采用最大理论密度仪进行测定，按理论计算值进行校核；对于改性沥青应采用理论计算方法，按实测值进行校核。

4 普通沥青的混合料拌和与压实温度按黏温曲线的规定黏度确定；改性沥青混合料，应按施工经验及改性沥青供应商提供的参考温度进行综合确定。

5 水稳定性检验：

1）采用 48h 浸水马歇尔试验。残留稳定度：普通沥青混合料不小于 80%，改性沥青混合料不小于85%。

2)采用冻融劈裂试验。残留强度比:普通沥青混合料不小于75%,改性沥青混合料不小于80%。

6　高温稳定性检验:

采用车辙试验。DS(动稳定度):普通沥青混合料DS≥1200次/mm,改性沥青混合料DS≥3000次/mm。

7　渗水性能检验:

密级配沥青混凝土渗水系数不大于120mL/min。

8 目标配合设计报告应包括如下内容:

1)总说明:包括工程概况、材料性能汇总表、合成级配一览表、马歇尔试验技术指标汇总表、最佳沥青用量的确定及其他说明等。

2)附相关材料试验的数据与表格。

3)附混合料试验过程的数据及表格,设计混合料性能检验结果(包括旋转压实检验等)。

4)附建设单位委托的试验检测单位配合比检验报告。

9　目标配合比报告的审批:

施工单位完成的目标配合比报告应在规定期限内向监理工程师及建设单位提出申请,并经监理工程师及试验检测单位复核,取得批复后,方可进行生产配合比设计,并作为生产配合比的设计依据。

6.3.4　生产配合比的设计应符合以下要求:

1　目的:

1)确定热料仓的筛网尺寸、各料仓的比例。

2)确定混合料的拌和温度及拌和时间。

3)检验混合料的技术指标是否满足要求。

4)检验拌和设备的技术性能是否稳定可靠。

2　为确保送料的准确,对沥青拌和楼冷料仓的送料速度与电动机转速的关系应进行标定,并根据形成的关系曲线,选定相应的电动机转速进行送料。

3　根据目标配合比设计确定的各冷料仓比例进行上料,采用试配法使合成级配最大限度地与设计级配相一致。关键筛孔4.75mm、2.36mm与0.075mm的通过率偏差允许值为±1%。

4　采用目标配合比设计的沥青用量及沥青用量±0.3%对混合料进行试拌,确定适合的拌和温度与拌和时间,并进行马歇尔试验。检验混合料级配组成、沥青含量与马歇尔试验指标。

5　根据试拌结果确定生产配合比的级配及最佳沥青用量。最佳沥青用量与目标配合比设计结果的偏差允许值为±0.2%。

6.3.5　生产配合比的验证应符合以下要求:

拌和机按生产配合比结果进行试拌，并取样进行马歇尔试验，由此确定生产用的配合比。生产配合比的矿料合成级配中，至少应包括0.075mm、2.36mm、4.75mm及公称最大粒径筛孔的通过率接近优选的工程设计级配范围的中值，并避免在0.3～0.6mm处出现"驼峰"。

6.3.6 生产配合比设计报告应包括如下内容：

1 总说明：生产配合比设计的过程的简要介绍及结论，其中至少应包括所确定的热料仓筛网尺寸、各热料仓的掺配比例、混合料的拌和时间及其马歇尔试验的关键数据等。

2 附件：相关的试验表格，其中应包括各热料仓的筛分试验、马歇尔击实试验、抽提试验、水稳定性试验等。

3 经监理单位批准的目标配合比设计报告。

6.3.7 生产配合比报告的审批应符合以下要求：

施工单位完成的生产配合比报告及试验路段铺筑方案应在规定期限内向监理单位及建设单位提出申请，并经监理单位及试验检测单位复核，取得批复后方可进行试验路段的铺筑。

6.4 铺筑试验路段

6.4.1 试验路段铺筑前，施工单位、监理单位应共同进行技术交底。

6.4.2 试验路段宜选在直线段落上铺筑，长度为200～300m。

6.4.3 试验路段的铺筑，应达到如下目的：

1 确定大面积施工的标准配合比，必要时可对生产配合比进行适当调整。

2 确定分层施工时每一层的合适厚度。

3 确定松铺厚度和松铺系数(摊铺机行进速度、振幅、频率)。

4 确定合理的施工机械配置，包括机械数量及组合方式。

5 确定的标准施工方法应包含以下内容：

1)混合料配比的控制。

2)拌和机的拌和温度、拌和时间。

3)摊铺机的摊铺温度、摊铺速度、摊铺宽度、自动找平方式等。

4)压路机的碾压顺序、碾压温度、碾压组合方式及碾压效果。

5)接缝方法。

6)拌和、运输、摊铺和碾压机械的协调和配合。

7)质量检查方法，初定每作业段的最小检查数量。

6 确定每一作业段的合适长度。

6.4.4　试验路段检验合格后,写出详细的总结报告,报告应包括如下内容:

1　总说明:就试验路段的全过程进行简要介绍,试验路段是否达到了预期的目的,推荐的混合料施工温度、摊铺及碾压工艺、松铺系数等,施工组织能够达到均质化过程控制指标要求,并应有试验路段检测的主要数据。

2　附件:

1)试验表格:混合料的马歇尔试验、抽提试验、所取芯样的试验及试验路段的其他相关数据。

2)经批准的目标配合比及生产配合比试验报告。

3　试验检测单位出具的试验路段检验报告。

6.4.5　若试验路段未达到预期的目的,则应查明原因后重新铺筑。若试验路段的质量未达到相关的技术标准,则应由施工单位自费予以铲除。

6.4.6　试验路段总结报告报监理工程师审批后,方可作为大面积施工的指导方案,并在具备以下完整的技术资料和得到建设单位的许可后方可进行正式施工:

1　监理单位对沥青混凝土配合比的批复。

2　施工单位的试验路段总结报告。

3　试验检测单位的试验路段检测报告。

4　施工单位目标配合比设计报告。

5　施工单位生产配合比设计报告。

6　试验检测单位的配合比验证报告。

6.4.7　对确定的标准配合比,宜再次进行高温稳定性和水稳定性检验。

6.4.8　经设计确定的标准配合比在施工过程中不得随意变更。

6.5　施工要点

6.5.1　混合料的拌制应符合以下要求:

1　生产沥青混合料应采取有效措施减少对周围环境的污染。

2　根据沥青的进场数量掺加外加剂,确保外加剂剂量满足配合比设计要求。

3　拌和过程中应逐盘采集并打印各个传感器测定的材料用量和沥青混合料拌和量、拌和温度等各种参数,并同步上传至建管一体化平台,沥青混合料拌和报警条件设置应符合“工程信息化管理”分册的要求。每个台班结束时打印出一个台班的统计量,进行沥青混合料生产质量及铺筑厚度的总量检验。总量检验的数据有异常波动时,应立即停止生产,分析原因并提出改进措施。拌和实时监控如图6.5.1所示。

4　沥青混合料的拌和应保证沥青结合料先于矿粉进入搅拌仓。

图 6.5.1　拌和实时监控

5　沥青混合料的拌和时间由试验确定，普通沥青混合料每盘拌和时间不宜少于 45s（其中干拌时间不少于 5s），且两盘间隔时间不低于 48s，改性沥青混合料每盘拌和时间宜为 60s 左右（其中干拌时间不少于 10s），且两盘间隔时间不低于 63s。拌制好的混合料应均匀、无花白料。

6　在施工过程中，每工作日必须至少取样 2 次进行混合料检验。

7　间歇式拌和机宜备有保温性能好的成品储料仓，储存过程中混合料温降不得大于 10℃，且不能有沥青滴漏。普通沥青混合料的储存时间不得超过 72h；改性沥青混合料的储存时间不宜超过 24h。

6.5.2　混合料的运输应符合以下要求：

1　拌和站卸料口下缘至车厢底板不得超过 2.5m。

2　在运料车装载时，采用三次或多次卸料法，以减小混合料发生粗细集料的离析，即第 1、2 次卸料分别位于车厢两端，第 3 次卸料位于车厢中部。正确的卸料法如图 6.5.2-1 所示。

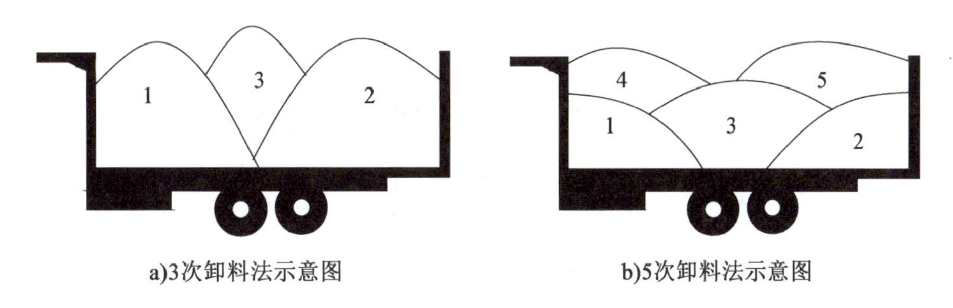

a)3次卸料法示意图　　b)5次卸料法示意图

图 6.5.2-1　正确的卸料法示意图

3　在运输时，可在车厢底板上涂刷一薄层隔离剂，但不得有余液积聚在车厢底部。

4　每辆自卸车都应备有大小适宜的覆盖篷布，运输时覆盖在车顶上，并覆盖密实，切实起到保温、防雨、防污染的作用，杜绝因篷布覆盖“露头露尾”导致的局部严重温度离析现象。沥青混合料运输中覆盖保温如图6.5.2-2所示。

图6.5.2-2　沥青混合料运输中覆盖保温

5　自卸车要采用大吨位的自卸车,数量应根据运距、拌和能力、摊铺能力及速度确定。一般情况下,对一套拌和楼,运输车不应少于20辆,以满足拌和设备及摊铺机连续作业为准,要尽量避免停机待料情况。运输车辆应根据信息化建设要求配备卫星定位系统,施工时实时将运输轨迹上传至建管一体化平台。

6　运送沥青混合料车辆的车厢底板面及侧板必须清洁,不得沾有有机物质,对不符合温度要求或已经结成团块、已遭雨淋湿的混合料做废弃处理。及时清理车厢内的残余料,保持车厢整洁。运料车进入摊铺现场时,轮胎上不得沾有泥土等可能污染路面的脏物,否则应设水池先洗净轮胎后再进入工程现场。

6.5.3　混合料的摊铺应符合以下要求:

1　待摊铺机前的运料车不少于5辆方可开始摊铺,避免停机待料,保持摊铺连续。

2　当有大功率摊铺机时,可采用单机全断面摊铺,并通过试验路段比较来确定采用单机还是双机方案。不论采用何种摊铺方案,都应配备一台可自动伸缩以调整宽度的摊铺机。摊铺设备应根据信息化建设要求配备卫星定位系统(图6.5.3-1),施工时实时将摊铺轨迹、摊铺温度、摊铺厚度上传至建管一体化平台。

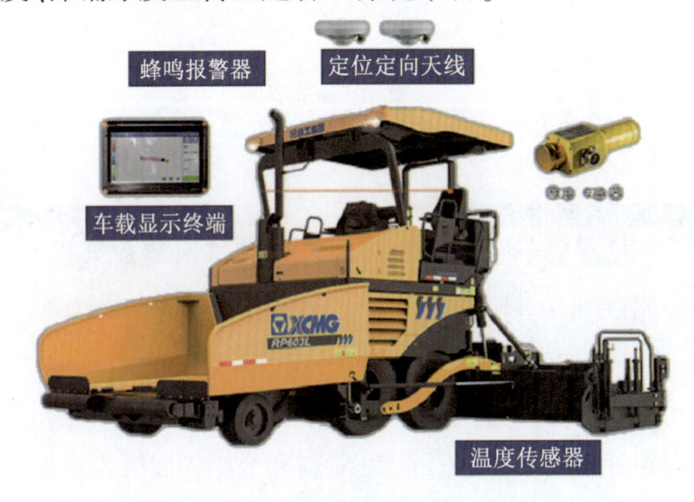

图6.5.3-1　摊铺设备卫星定位系统

3 当采用3层沥青结构层时,下层不论是否分层摊铺,均应采用挂线法施工;中、上层宜采用非接触平衡梁或浮动基准梁装置施工,但在桥头过渡段中层仍应采用挂线法施工。挂线法如图6.5.3-2所示。

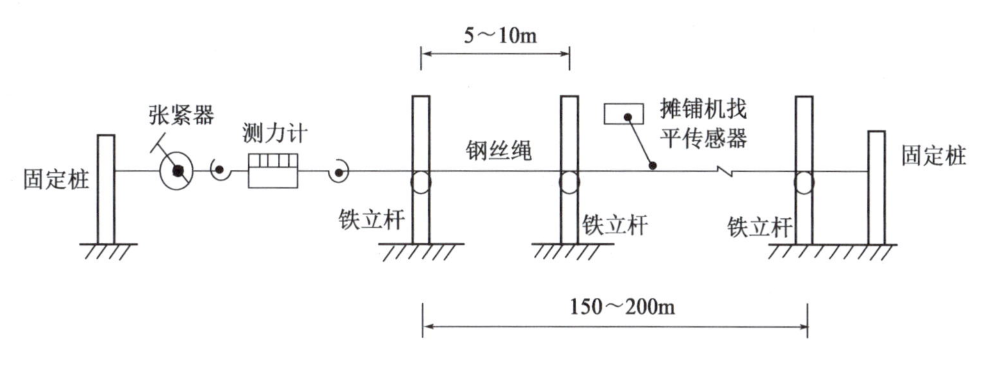

图6.5.3-2 挂线法示意图

4 当采用双机联合摊铺3层沥青混合料结构层时,下、中层两幅搭接位置宜避开车道轮迹带,前后两台摊铺机轨道重叠30～60mm,中、上层搭接位置宜错开200mm以上,两台摊铺机前后的距离一般为5～10m,且纵向接缝为热接缝。表面层纵向接缝位置应位于标线处,其余各层应分别紧挨路面标线两侧。各层摊铺后应人工配合修边,使边线顺直。多机联合摊铺如图6.5.3-3所示。

图6.5.3-3 多机联合摊铺

5 摊铺机开工前应提前0.5～1h预热熨平板至不低于100℃。铺筑过程中应选择熨平板的振捣或夯锤压实装置具有适宜的振动频率和振幅,以提高路面的初始压实度。熨平板加宽连接应仔细调节至摊铺的混合料没有明显的离析痕迹。

6 摊铺机的螺旋布料器应相应于摊铺速度调整到保持一个稳定的速度均衡地转动,两侧应保持不少于送料器2/3高度的混合料。

7 热拌沥青混合料的最低摊铺温度根据铺筑层厚度、气温、风速及下卧层表面温度按现行《公路沥青路面施工技术规范》(JTG F40)的规定控制。

8 沥青混合料的摊铺速度控制在2～6m/min为宜,上面层摊铺速度应不大于

5m/min,摊铺用料量应和拌和产能相适应。

9　路面狭窄、小半径匝道、加宽、斜交桥头等无法机械摊铺的部位可采用人工摊铺。人工摊铺应严格控制操作时间、松铺厚度、平整度等。

10　严格按照设计衔接路面结构层和桥隧过渡板,并至少提前一天准备好工作面,处理好欠压实、松散、不平整等问题,扫除松散材料和所有杂物。

6.5.4　混合料的碾压及成型应符合以下要求:

1　沥青结构层的压实厚度一般不超过10cm,并符合现行规范要求。

2　沥青结构层施工应配备足够数量的压路机,选择合理的压路机组合方式。铺筑双车道沥青路面的压路机数量不应少于5台,当施工气温低、风大、碾压层薄时,应增加压路机数量;当采用全幅单机摊铺工艺时,应增加大吨位轮胎压路机数量。碾压设备应根据信息化建设要求配备卫星定位系统(图6.5.4-1),施工时实时将碾压轨迹、碾压温度、碾压遍数上传至建管一体化平台。

图6.5.4-1　碾压设备卫星定位系统

3　压路机的碾压温度应根据混合料种类、压路机、气温、层厚等情况经试压确定,并符合现行《公路沥青路面施工技术规范》(JTG F40)的规定。

4　沥青混合料的压实应分初压、复压和终压。

1)初压。初压应紧跟摊铺机后碾压,并保持较短的初压长度。宜采用钢轮压路机静压1~2遍。

2)复压。密级配沥青混凝土结构层的复压宜优先采用2台25t以上重型的轮胎压路机分两列并行碾压,各负责半幅施工,并跟随摊铺机阶梯形前进,压实4~6遍。轮胎压路机各轮气压宜均衡、不宜偏差过大。对粗集料为主的沥青稳定碎石结构层,宜优先采用振动压路机复压。

3)终压。终压应紧跟复压进行,如复压已无明显轮迹可免去终压。终压可选用双钢轮压路机或关闭振动的振动压路机碾压不宜少于2遍,至无明显轮迹为止。最后用1台钢轮压路机在终压温度以上完成消迹碾压。碾压如图6.5.4-2所示。

图 6.5.4-2　碾压

5　碾压过程注意事项：

1)碾压过程中不得在碾压区内转向、掉头、左右移动位置、中途停留、变速或紧急制动。

2)碾压不到之处，应用小型机具振压密实，消除碾压死角。

3)超高路段施工时，按照由低到高的顺序碾压。

4)当施工层无侧限时，初压可从离边缘 20～30cm 处开始碾压，复压边缘时应人工配合拍边，压路机每次只能向自由边缘方向推进 10cm。

5)碾压要遵循“紧跟、慢碾、高频、低幅、小水”的原则。

6)碾压轮在碾压过程中应保持清洁，有混合料黏轮应立即清除。当工作完成后，路面摊铺、碾压设备停放应用篷布或彩条布与沥青层隔开，避免设备漏油损坏沥青结构层及污染路面。

7)路面温度低于 50℃后方可开放交通，改性沥青路面一般施工 3d 后开放交通。

6.5.5　接缝处理应符合以下要求：

1　上、下层的横向接缝应错位 1m 以上。各层横向接缝均应采用垂直的平接缝。每天摊铺混合料收工时用 3m 直尺在碾压好的端头处检查平整度，选择合格的横断面，划上直线，然后用切缝机切出立茬，多余的料弃掉，并清理干净。切割时留下的泥水必须冲洗干净，待干燥后涂刷黏层油。

2　接缝处摊铺沥青混合料时，熨平板放到已碾压好的路面上，在路面和熨平板之间应垫钢板，其厚度为压实厚度与虚铺厚度之差。起点接缝处理如图 6.5.5-1 所示。

图 6.5.5-1　起点接缝处理

3　横向缝接续施工前应在端面涂刷黏层油。

4　为了保证横向接缝处的平顺,摊铺后即用3m直尺检查平整度,去高补低,之后用双驱双振(不振动)压路机沿路横向碾压,碾压时压路机的滚筒大部分应在已铺好的路面上,仅有10～15cm的宽度压到新摊铺的混合料上,然后逐渐移动跨过横向接缝。终点横向接缝处理如图6.5.5-2所示。

图6.5.5-2　终点横向接缝处理

5　摊铺机采用梯队作业的纵缝严禁产生冷接缝。对于特殊段落不可避免地出现冷接缝时,冷接缝处理方案应报监理单位批准。

6.5.6　特殊超高缓和段施工要点应符合以下要求:

特殊超高缓和段应严格按设计文件进行特殊排水横坡施工。主要施工方法有移动路脊法和增设路拱法等。

1　移动路脊法。

移动路脊法一般在单向双车道的上面层实施,具体施工方法如下:

1)采用移动路脊法施工的路段长度和路脊横坡应严格遵照设计实施。

2)根据采用移动路脊法的施工路段长度,在路段的起始端两侧取对角线,划分两个板块施工。移动路脊法施工图示和功能图示分别如图6.5.6-1和图6.5.6-2所示。

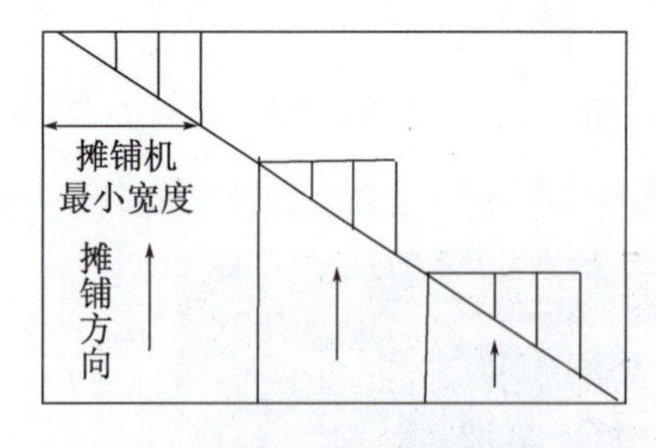

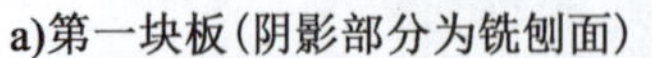

a)第一块板(阴影部分为铣刨面)

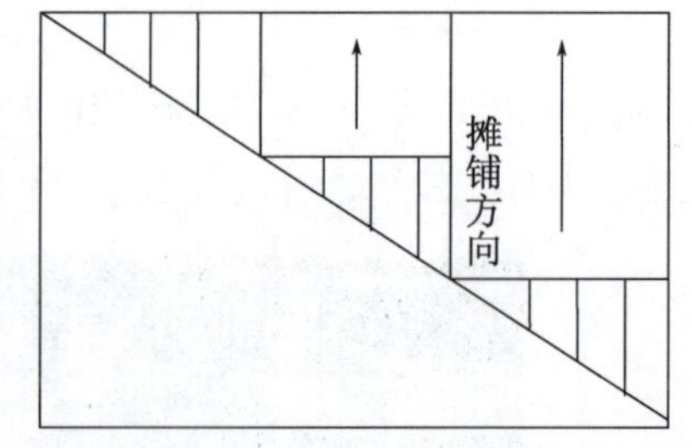

b)第二块板(阴影部分为人工补齐面)

图6.5.6-1　移动路脊法施工图示

3)施工机械选择及工艺。

应采用可自动调节宽度的摊铺机并辅以人工配合进行摊铺和修整。第一板块施工时,摊铺机根据路面宽度,采用不同宽度多幅摊铺,每幅铺筑均采用挂线法控制高程,每幅按划分的摊铺宽度铺至对角线时开始自动调缩摊铺宽度,直至按摊铺机最小摊铺宽度铺完本幅,再另起一幅摊铺,直至铺完第一板块,然后迅速以人工将对角线以外的多预料铲除,并保证对角线顺直。第二板块也采用多幅铺筑,摊铺机不足部分由人工补齐。

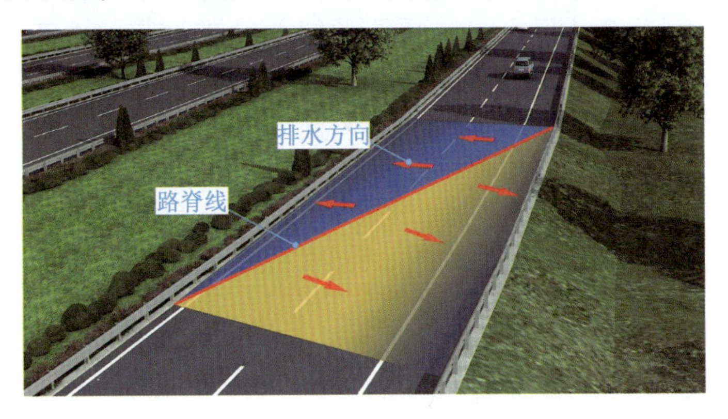

图 6.5.6-2 移动路脊法功能图示

2 增设路拱法。

增设路拱法是在行车道分界线处设置路拱,可在底基层就开始设定路拱线,并通过逐层测量、放样、调整,最终达到设计路拱线的最佳效果。具体施工方法如下(以双车道单路拱为例):

1)实施范围为超高渐变段范围内即横坡由 +1% ~ -1% 的段落实施。

2)横坡设置如图 6.5.6-3 所示,即采用分块横坡渐变法,施工路段范围内分为四块(两个横坡不变区和两个横坡渐变区),根据图示横坡计算各分块中、边桩高程,采用两台摊铺机联合摊铺。

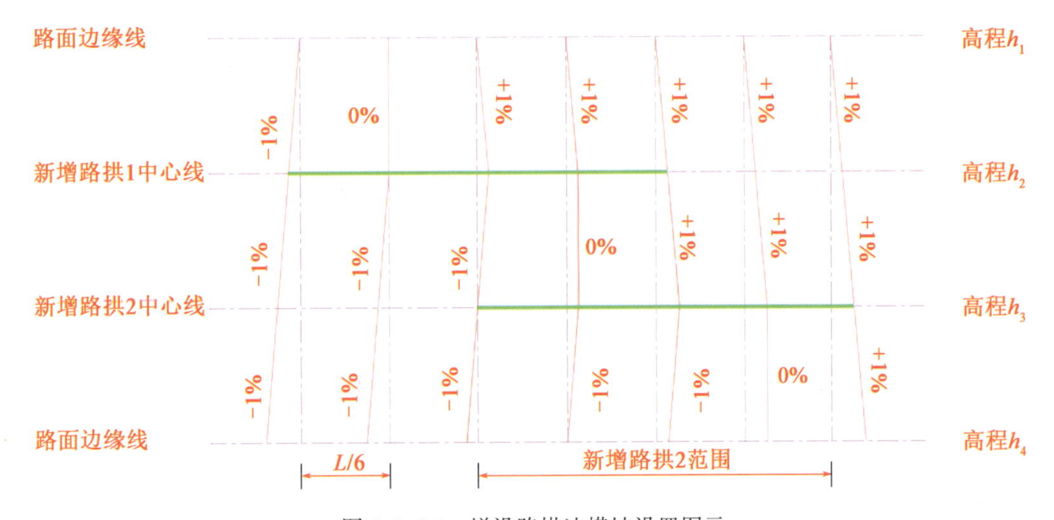

图 6.5.6-3 增设路拱法横坡设置图示

6.6 质量管理及检查验收

6.6.1 沥青路面的施工质量管理要重视过程控制。在施工过程中,施工单位、监理单位及建设单位应严格进行施工质量的检查与试验。严把四道质量关,即材料、混合料的设计、混合料的生产、混合料的铺筑;控制三个关键因素,即:混合料的级配、沥青用量、路面空隙率。

6.6.2　沥青混合料生产过程中,必须按现行《福建省高速公路工程试验检测管理办法》规定的检查项目与频率,对各种原材料进行抽样试验,其质量应符合本指南规定的技术要求。建设单位可根据实际需求对沥青原材料的一致性指标进行检测,比较进场沥青与首件样品的一致性,要求一致性不小于99%。

6.6.3　沥青拌和场必须按现行《公路沥青路面施工技术规范》(JTG F40)规定的步骤对沥青混合料生产过程进行质量控制,并按规定的项目和频度检查沥青混合料产品的质量,计算产品的合格率。

6.6.4　沥青路面铺筑过程中必须随时对铺筑质量进行评定,质量检查的内容、频度、允许偏差应符合现行《公路沥青路面施工技术规范》(JTG F40)的规定。

6.6.5　生产过程中,如遇进场材料发生变化并经检测沥青混合料的矿料级配、马歇尔技术指标不符合要求时,应及时调整配合比,使沥青混合料质量符合要求并保持稳定,必要时重新进行配合比设计。

6.6.6　施工过程控制的返工标准如下:

1　工作面不清洁。在沥青摊铺施工作业中,当监理、业主、中心试验室或省高指任何一方检查发现作业面不清洁,将影响到沥青路面的层间黏结力和耐久性时,则责令当天已施工的全部铲除,重新清理工作面。并对相关责任人进行处罚。

2　混合料配合比偏离。当施工单位、监理或中心试验室的混合料抽提试验显示配合比严重偏离标准配合比,则按表6.6.6所列原则处理。

表6.6.6　配合比偏离处理原则

序号	关键筛孔通过率和沥青用量的偏差情况	处理原则
1	0.075mm　≥±1.5% ≤2.36mm　≥±4.0% ≥4.75mm　≥±5.0% 沥青用量　≥±0.20%	及时分析查找原因,将偏差及时纠正,必要时应停工整改
2	0.075mm　≥±2.0% ≤2.36mm　≥±5.0% ≥4.75mm　≥±6.0% 沥青用量　≥±0.30%	立即进行停工整改,查明原因并确定应返工的范围及长度,及时作返工处理,经监理同意方可继续施工
3	0.075mm　≥±2.5% ≤2.36mm　≥±6.0% ≥4.75mm　≥±7.0% 沥青用量　≥±0.35%	将当天施工沥青面层全部无条件做返工处理,并停工查找原因,直至所采取的措施能确保混合料的配合比得以有效控制,经业主同意方可继续施工

凡是由省高指中心试验室抽检发现上述配合比偏离现象,则整改过程和结果均应向省高指进行书面反馈。

6.6.7 施工过程压实度的动态控制

1 当沥青路面的施工质量持续稳定,可按现行《公路沥青路面施工技术规范》(JTG F40)的有关规定进行压实度取芯检验的动态控制。质量的持续稳定是指:

1)抽提结果显示,沥青混合料的级配及用油量保持稳定;

2)从已施工路段显示,无明显的拉条和离析现象;

3)从取芯检验显示,压实度没有出现离散太大或不合格现象。

2 压实度取芯检验以三个试件为一组,取芯频率分为四个等级,以标准四车道的单幅延米计:A 级每 3000m 取一组,B 级每 1000m 取一组,C 级每 500m 取一组,D 级每 200m 取一组。取芯的位置应随机确定。

3 当所有试验检测的结果显示其管理措施严格有效、施工质量稳定,压实度持续五个正常工作日稳定并符合要求时,钻孔取芯的控制可提升一级。但应经监理单位和建设单位同意,最高的等级为 A 级。

4 当建设单位委托的试验检测单位抽检结果显示其材料、配合比或压实度任何一项有不合格的现象时,则取芯的控制等级将下降一级。一个合同段在同一层施工过程中若出现三次抽检不合格现象,则该层的压实度取芯不再实行动态控制,全部按 D 级频率控制。

6.6.8 均质化管控指标体系

1 沥青路面均质化管控指标主要包括平整度、面层厚度、压实度、渗水系数、构造深度等指标,以上指标在满足现行规范的基础上还应达到均质化管控目标要求,主要指标见表 6.6.8。

表 6.6.8 沥青路面质量均质化管控主要指标

序号	技术指标	技术要求
1	平整度	路基土建的隧道水泥混凝土路面、桥面铺装平整度标准差≤1.2mm;路表平整度标准差≤0.8mm,其中隧道沥青路面上面层平整度标准差≤0.85mm;路表平整度标准差极值≤1.5mm,标准差>1.2mm 的单点比例≤2%
2	面层厚度	面层总厚度单点检测合格率≥98%;面层总厚度、上面层厚度单点检测值小于($\mu-2\sigma$)的点数占比≤2%
3	压实度	压实度单点检测合格率≥98%;压实度检测的代表值≥试验室标准密度的 97%
4	渗水系数	路表渗水系数单点检测合格率≥90%,其中,AC 类≤200mL/min,SMA 类≤120mL/min。AC 类极值≤400mL/min,300mL/min 以上占比≤5%;SMA 类极值≤300mL/min,200mL/min 以上占比≤5%
5	构造深度比值	未离析≤1.3、1.3<轻度离析≤1.6、1.6<中度离析≤1.9、重度离析>1.9

注:μ 为平均值,σ 为标准差。

2　沥青混合料拌和数据应100%上传至建管一体化平台，拌和中触发报警的盘数占比应≤1%，触发高级报警的盘数占比应≤0.5%。

3　路面质量均质化管控重点是加强原材料、施工工艺过程控制，通过推广应用快速、无损检测设备加大事前、事中检测频率，施工过程中及时发现异常情况并采取有效措施，提高路面施工品质。

7 桥面沥青铺装层

7.1 一般规定

7.1.1 水泥混凝土桥面沥青铺装层应符合以下要求：

1 满足与混凝土桥面的黏结、防止渗水、抗滑及有较高抵抗振动变形的能力等功能性要求，并设置有效的桥面排水系统。

2 水泥混凝土桥面板必须平整、无浮浆、无钢筋等尖锐突出物、整洁，纵横坡应符合设计要求。若混凝土路面平整度标准差大于1.2mm时，应采取有效措施整改到位后方可施工。

7.1.2 钢桥面沥青铺装层应符合以下要求：

1 满足与钢桥面的黏结、防渗防锈、抗滑、温度敏感性小、协调变形能力强等功能性要求，并设置有效的桥面排水系统。

2 喷砂除锈、防腐层和防水黏结层施工环境温度应不低于10℃，且钢板表面温度应高于空气露点3℃以上，空气相对湿度应不高于85%。

3 钢桥面铺装宜全桥封闭施工，应避免与可能污染铺装界面的其他工序交叉进行。各工序施工时应保持基面清洁干燥，不得有水分或油污残留。已施工完毕的区域应进行保护，严禁油脂和杂物等污染。

4 铺装结构层施工宜避免设置施工缝。当无法避免时，横向施工缝应距横肋或横梁位置1m以上，且磨耗层和保护层的横缝应错开1m以上；纵向接缝应距纵腹板位置30cm以上，且上下层的纵缝应错开30cm以上。

7.2 水泥混凝土桥面沥青铺装层施工要点

7.2.1 清除施工现场作业区及周围的障碍物。

7.2.2 水泥混凝土桥面板应作抛丸或精铣刨处理，凿除浮浆，平整凹凸不平处，清除油污和杂物，将工作面灰尘冲洗、吹吸干净并待工作面干燥后方可进行下一道工序。混凝土桥面精铣刨、抛丸施工如图7.2.2所示。

图 7.2.2　混凝土桥面精铣刨、抛丸施工

7.2.3　桥面混合料施工前,应做好桥面横坡低处碎石盲沟的预留,保证桥面排水系统的完善。

7.2.4　桥面伸缩缝临时槽口应保证平整、密实,不应出现松散、空洞现象。

7.2.5　桥面沥青铺装层防水黏结层施工工序及注意事项参照本指南第 5 章。沥青混合料施工工序及注意事项参照本指南第 6 章,不得采用有可能损坏桥梁的大型振动压路机或重型钢筒式压路机。

7.2.6　桥头应采取有效措施,连接平顺,减少跳点。

7.3　钢桥面沥青铺装层施工要点

7.3.1　施工前建设单位应组织设计、监理、监控检测、施工等相关单位,对桥面进行检查验收。施工单位应制定专项施工组织设计,并进行安全和技术交底。

7.3.2　铺筑试验路段应符合以下要求:

1　钢桥面铺装各工序施工前应实施试验路段,包括钢桥面板的喷砂除锈、防水黏结层涂布、沥青混合料铺筑等。

2　沥青混合料试验路段可选择在混凝土桥上进行,其他各工序试验路段都应在钢桥面板上进行。

3　喷砂除锈、防腐层、防水黏结层和缓冲层试验路段面积均应≥100m^2,沥青混合料铺装试验路段长度应不小于 100m。

4　钢桥面板喷砂除锈试验路段应达到下列目的:

1)确定喷砂机的机械数量和组合方式。

2)确定钢砂的材料类型、钢丸与棱角砂的混合比例。

3)确定喷砂机的行进速度、单位时间的喷砂量。

5 防腐层、防水黏结层试验路段应确定材料的混合比例、施工工艺和用量,施工防腐层和防水黏结层试验路段可提前定制钢板试件,在现场喷砂除锈,成型防腐层和防水黏结层,在试验室进行黏结强度检测。

6 缓冲层试验路段应确定缓冲层的施工工艺和材料用量。

7 沥青混合料铺装试验路段应达到下列目的:

1)达到普通沥青混合料试验路段目的。

2)对浇筑式沥青混合料需确定搅拌运输设备的搅拌温度、搅拌时间等。

3)对环氧沥青混合料需验证在容留时间内是否能完成碾压成型。

8 试验路段结束后,应及时提交完整的试验路段总结报告。若不合格,应进行相应调整后重铺试验路段,合格后方可正常施工。

7.3.3 表面除锈及防腐层施工应符合以下要求:

1 新建和较大面积翻修的钢桥面铺装工程,应对钢桥面板进行喷砂除锈处理。小面积维修和无法进行机械喷砂除锈的可采用打磨等其他工艺进行除锈处理。

2 喷砂除锈前应先用工具打磨钢桥面板表面锐边、飞溅、不光滑焊缝等缺陷。

3 喷砂除锈前应全面调查记录全桥锈蚀、污染状况,被油脂污染的钢板表面除锈前应采用溶剂法或碱洗法去除油污,并按现行 ISO 8502-9 标准的试纸测试,氯化物含量应不超过 0.014%(约 $7\mu g/cm^2$)。在钢桥面板锈蚀较严重的地方,应按现行 ISO 8502-1 标准以铁氯化钾试纸测试,以无蓝点视为合格。

4 行车道喷砂除锈应采用全自动无尘喷砂设备,桥面边角部位、吊索区等特殊部位可采用手持压缩空气喷砂设备施工。

5 喷砂除锈用金属磨料应符合现行《涂覆涂料前钢材表面处理》[GB/T 18838(所有部分)]的有关规定,应采用颗粒形状为丸粒和砂粒的金属磨料配合使用,其比例应视粗糙度要求、钢桥面板表面状况在施工前通过试验路段确定。

6 喷砂除锈后的钢桥面板,其清洁度应达到 Sa2.5 级,粗糙度应达到 60 ~ 100μm;人工小范围打磨工艺除锈的清洁度应达到 St3.0 级。钢桥面精喷砂除锈施工如图 7.3.3 所示。

图 7.3.3 钢桥面精喷砂除锈施工

7　应在除锈后4h内完成钢桥面板上第一层涂层施工。

8　防腐层施工前应将防腐层材料充分搅拌均匀。

9　防腐层涂布应均匀,对于漏涂、龟裂、流坠、针眼和气泡等缺陷应及时修补。

10　防腐层表干前,严禁接触;实干前应采取措施防止受损,且应避免淋雨、浸水及其他介质污染。

7.3.4　防水黏结层施工应符合以下要求:

1　防水黏结层施工。

1)施工前应对工作面进行清洁处理,清除油污、水分及其他污染物。

2)如设置防腐层,应在防腐层彻底固化并检验合格后,进行防水黏结层施工。如未设置防腐层,应在喷砂除锈后4h内完成第一层防水黏结层施工。

3)防水黏结层材料在涂布前应采用动力搅拌器充分搅拌均匀。

4)如采用喷涂方式,喷涂前应对桥梁栏杆和其他易受喷涂飞溅影响的桥梁部位进行防护;喷涂作业时,当风速较大导致出现洒布斑痕,应采取有效的防风遮挡措施,风速大于10m/s时不得施工。

5)涂布应均匀,对于漏涂、龟裂、流坠、针眼和气泡等缺陷应及时修补,防水黏结层施工通常采用人工刮涂、辊涂或机械喷涂等方法。

2　甲基丙烯酸甲酯树脂防水黏结层施工。

1)应采用动力搅拌器将混合前、混合后的材料充分搅拌均匀。

2)甲基丙烯酸甲酯树脂应采用高压无气喷涂设备进行喷涂作业。

3)甲基丙烯酸甲酯树脂可采用一层或两层施工,干膜总厚度应不小于2mm。当采用两层施工时,每层湿膜厚度应不小于1.2mm,应在第一层涂膜实干后立即喷涂第二层。

4)甲基丙烯酸甲酯树脂新旧接头处,新涂层应在旧涂层上至少搭接50mm。

5)应在甲基丙烯酸甲酯树脂固化后辊涂施工丙烯酸树脂黏结剂。

6)应在丙烯酸树脂黏结剂实干后进行下一道工序施工。

3　环氧树脂防水黏结层施工。

1)环氧树脂混合后应在要求的容留时间内完成涂布,超过容留时间的环氧树脂应废弃。

2)坡度较大的地段施工时,如发生环氧树脂流淌现象导致胶膜厚度不均,应进行补涂处理。

3)可在环氧树脂黏结剂未固化前撒布一层碎石,待环氧树脂固化后,应清除未黏结牢固的碎石。

4)施工完毕后,应有足够的养生时间。

5)养生结束后,现场检测指标满足要求方可进行下一道工序施工。

4　环氧沥青防水黏结层施工。

1)洒布作业前,应将环氧沥青黏结剂两组分按照产品说明书中的规定进行加热和保温。

2)宜采用具有计量、搅拌、喷涂等功能的专用洒布机进行施工,对不便喷洒的部位可采用人工均匀涂刷。

3)喷洒后48h内应完成其上的保护层施工,若因故不能按时施工或黏结层遇雨淋,应在摊铺保护层之前按产品说明书中规定的用量补洒黏结料。

5 溶剂型沥青黏结剂防水黏结层施工。

1)宜采用辊涂或喷涂法施工。

2)用于浇筑式沥青混合料与钢桥面板之间的黏结层时,应涂布2层,每层用量宜为100~200g/m²。第一层宜沿顺桥方向涂布,实干后方可涂布第二层,第二层涂布方向应与第一层垂直。

3)用于缓冲层底涂层时,可只涂布一层。

4)应在溶剂型沥青黏结剂完全干燥后施工保护层。钢桥面浇筑式沥青混合料与钢桥面板之间的黏结层施工如图7.3.4所示。

图7.3.4 钢桥面浇筑式沥青混合料与钢桥面板之间的黏结层施工

7.3.5 改性沥青砂胶缓冲层施工应符合以下要求:

1 矿粉含水率不应大于1%。

2 宜采用具有加热拌和功能的设备进行拌和,拌和温度宜为200~230℃,拌和时间不宜低于1h,拌和均匀后应无结团现象。

3 应采用人工刮铺法或机械摊铺法施工,施工厚度宜为3~5mm,施工温度宜为200~230℃。

4 施工完毕后对于气泡和脱空现象应及时修补。

7.3.6 黏层施工应符合以下要求:

1 改性乳化沥青、改性沥青黏层施工要求参照本指南第5章。

2 环氧树脂、环氧沥青黏层施工要求参照本指南第7.3.4条。

7.3.7 改性沥青混合料施工要求参照本指南第6章。

7.3.8　浇筑式沥青混合料施工应符合以下要求:

1　拌和。

1)宜采用具有矿粉加热干燥功能的拌和设备,矿粉加热温度宜为80～120℃。矿粉加热的情况下,集料加热温度宜为260～280℃;矿粉不加热的情况下,集料加热温度宜为290～320℃。

2)干拌时间宜为10～20s,加入沥青结合料后拌和时间宜为60～90s,拌和后出料温度宜为220～240℃。浇筑式沥青混合料的施工温度可根据实际情况进行调整,为防止沥青老化,满足各项指标要求前提下建议采用较低的施工温度。

2　运输。

1)应采用具有加热、拌和功能的专用运输设备。

2)搅拌运输设备应预热至130～140℃,待混合料装入后应连续搅拌升温。搅拌运输设备的限制温度宜设定为220～240℃,最高不应超过250℃。

3)在搅拌运输设备中应至少搅拌45min方可进行摊铺。

4)装入运输设备后宜在4h内完成运输、摊铺施工,如无法在规定时间内完成摊铺施工时,应适当降低混合料温度,且储存时间不应超过6h。超过规定时间的混合料应予以废弃。

5)搅拌运输设备的数量应根据运距及拌和站的拌和能力确定,应保持施工现场与拌和站之间的有效联系和施工的连续性。

3　摊铺。

1)应采用专用摊铺机械摊铺;机械无法摊铺到的边带、中央分隔带及人行道位置宜采用人工摊铺。

2)摊铺前宜采用不低于摊铺厚度的钢板或木板设置侧向模板。

3)运输车宜在摊铺机行进方向的前方将混合料卸在桥面板上。摊铺机的布料器左右移动使熨平板前充满混合料,并前行摊铺混合料至规定厚度。

4)接缝应进行预热处理或使用预制贴缝条。

5)摊铺速度宜为1.5～3m/min,并按照拌和站的拌和能力调整,摊铺过程中不应停机待料。

6)混合料应满足摊铺和易性要求,240℃时刘埃尔流动性不宜大于60s。

7)摊铺中出现气泡或鼓包等缺陷时,应立即用钢针由气泡顶部插入放气。

4　碎石撒布。

1)碎石宜采用基质沥青预拌裹覆,沥青用量宜为0.2%～0.5%;

2)宜采用自行式撒布机撒布;

3)碎石撒布量应根据现场试验确定,覆盖率宜控制在50%～90%;

4)碎石撒布后,应及时嵌入浇筑式沥青混合料中。

7.3.9　热拌和温拌环氧沥青混合料应符合以下要求:

1　拌和。

1)热拌环氧沥青混合料拌和前应将环氧树脂主剂和固化剂分别加热至50～60℃,

沥青应加热至150～165℃。温拌环氧沥青混合料拌和前应将环氧树脂主剂加热至82～92℃，固化剂和沥青的混合物加热至125～135℃。

2）热拌和温拌环氧沥青混合料拌和应符合表7.3.9-1的规定。

表7.3.9-1 热拌和温拌环氧沥青混合料拌和条件

混合料类型	干拌时间(s)	湿拌时间(s)	出料温度(℃)
热拌环氧沥青混合料	5～20	35～50	170～185
温拌环氧沥青混合料	3～10		110～140

3）热拌和温拌环氧沥青混合料的出料温度超出容许温度范围时，应予以废弃。

2 运输。

1）运输车辆应采取防积水、漏水措施。

2）运料车车厢内宜涂薄层植物油，避免环氧沥青混合料黏附车厢内。

3）出料时均应登记运料单，记录该车各盘料的出料温度、该车第一盘料及最后一盘料的装料时刻。

4）混合料运输中应采取覆盖保温措施，并在卸料前检测混合料温度。

3 摊铺。

1）摊铺过程中应随时检查摊铺层厚度及路拱、横坡，根据使用的混合料总量与面积校验平均厚度。

2）摊铺机应缓慢、匀速、连续不间断地摊铺。

3）摊铺速度不宜超过3m/min，同时应根据供料能力及混合料容留时间适当调整。

4）摊铺过程中应及时清除螺旋布料器与熨平板之间已结团的混合料。

5）摊铺后的环氧沥青混合料应表面均匀，无离析、波浪、裂缝、拖痕、鱼尾纹等现象。

4 碾压。

1）碾压应紧跟摊铺机进行，碾压过程分为初压、复压、终压三个阶段，压路机组合方案可参照表7.3.9-2执行，具体碾压遍数与压路机组合应通过试验路段确定，在施工时可根据现场情况适当调整。

表7.3.9-2 压路机组合参考方案

铺装结构层位	初压	复压	终压
保护层	轮胎压路机	双钢轮压路机	轮胎压路机
磨耗层	双钢轮压路机	轮胎压路机	双钢轮压路机

2）碾压温度应符合表7.3.9-3的规定。

表7.3.9-3 碾压温度(℃)

混合料类型	初压温度	复压温度	终压温度
热拌环氧沥青混合料	≥155	≥110	≥90
温拌环氧沥青混合料	≥82	—	≥65

3)碾压应分段控制,压路机隔离剂应采用植物油,严禁采用水、柴油、废机油。

4)碾压时压路机驱动轮面向摊铺机,由低到高,依次连续均匀碾压,相邻碾压带重叠1/3 轮宽。

5)碾压过程中严禁压路机突然转向或掉头。压路机起动、停止必须减速缓行,严禁紧急制动。

6)施工应避免设置接缝,如因特殊原因需设置接缝时,应采用45°~60°的斜接缝。切缝前应预先划线,且不得带水切割。切割时机应通过试切确定,保证切缝平顺,切面平整。

7)碾压完毕后应及时检查表面是否有鼓包、已结团的混合料或推挤裂缝等情况,对存在的问题应及时处理。

8)热拌环氧沥青混合料从拌和出料到复压结束时间宜控制在2h以内,超过3h应废弃;温拌环氧沥青混合料从拌和出料到复压结束时间应参照产品说明书,超过规定时间应废弃。

5　温拌环氧沥青混合料养生期不宜低于25~45d,热拌环氧沥青混合料养生期不宜低于5~10d,具体时间应根据环境温度与现场马歇尔试件试验结果确定。养生期间严禁车辆通行。

6　养生期内应检查是否有鼓包。发现鼓包时应立即用钢针由包顶插入放气,用环氧胶填满,并用手持夯锤将鼓包击平。

7.3.10　冷拌环氧沥青混合料施工应符合以下要求:

1　拌和。

1)集料的含水率应不大于1%。

2)拌和机宜设置在施工现场附近。

3)冷拌环氧沥青结合料各组分应按比例混合并用动力搅拌机搅拌均匀,搅拌时间不应少于120s。集料和矿粉宜先在拌缸内干拌5~10s,再加入结合料拌和,湿拌时间不宜少于70s。

2　运输和摊铺。

1)应根据现场冷拌环氧沥青混合料拌和时间、运输时间和摊铺时间确定合理的运料车装料数量,摊铺过程中不宜等料,每车料应在规定的时间内摊铺完毕。

2)混合料的运输和摊铺时间应根据冷拌环氧沥青混合料容留时间确定。摊铺宜全幅施工,摊铺速度宜为2~5m/min。

3　碾压。

1)初压宜采用钢轮压路机静压1~2遍,复压宜采用轮胎压路机碾压3~5遍。

2)碾压应分段控制,压路机隔离剂应采用植物油,严禁采用水、柴油、废机油。

4　冷拌环氧沥青混合料养生期不宜低于3~5d,具体时间应根据环境温度与现场马歇尔试件试验结果确定。养生期间严禁车辆通行。

7.4　质量管理及检查验收

7.4.1　水泥混凝土桥面质量管理及检查验收参照本指南第6.6节。

7.4.2　钢桥面防腐层、防水黏结层、缓冲层、黏层及沥青混合料的检查项目与频率，应符合现行《公路钢桥面铺装设计与施工技术规范》(JTG/T 3364-02)规定，对各种原材料、混合料进行抽样试验，质量应符合规范要求。

8　隧道路面沥青铺装层

8.1　一般规定

8.1.1　隧道路面沥青铺装层,应满足与隧道混凝土路面的黏结、抗滑、抗裂缝反射等功能性要求。

8.1.2　隧道混凝土路面必须平整、无浮浆、无钢筋等尖锐突出物、整洁,纵横坡应符合设计要求。若混凝土路面平整度标准差大于1.2mm时,应采取有效措施整改到位后方可施工。

8.1.3　隧道路面沥青铺装层施工前应编制专项施工方案,报监理单位批准。

8.2　施工要点

8.2.1　清除施工现场作业区及周围的障碍物。

8.2.2　隧道内水泥混凝土路面应作抛丸或精铣刨处理,凿除浮浆,平整凹凸不平处,清除油污和杂物,将工作面灰尘冲洗、吹吸干净并待工作面干燥后方可进行下一道工序。

8.2.3　隧道混凝土路面的纵、横缝应按要求填实填平,必要时可采取有效措施防止裂缝反射。

8.2.4　隧道路面黏层施工工序及注意事项参照本指南第5章,沥青混合料施工工序及注意事项参照本指南第6章。

8.2.5　长、特长隧道可采用温拌沥青混合料。

8.2.6　隧道路面沥青铺装层施工,禁止运输车辆在已施工黏层的工作面上掉头、紧急制动,避免破坏黏层。

8.2.7　隧道内施工时,应加强安全管控和应急保障。隧道进出口应进行安全布控,并安排专人值守,避免无关人员及车辆闯入,所有施工人员均应身着反光背心并佩戴防毒口罩,所有施工设备配备灭火器,并结合隧道实际条件安排好应急救援、医疗救护等保障措施。

8.2.8 施工时,应确保隧道内通风及照明情况良好,并配备至少两班作业队伍,视施工人员的承受能力及时轮班施工。

8.2.9 洞内施工严禁使用明火。

8.3 质量管理及检查验收

8.3.1 隧道路面沥青铺装层质量管理及检查验收要求参照本指南第6.6节。

9　路面工程附属设施

9.1　一般规定

9.1.1　路面工程附属设施可采用预制或现浇施工,预制应集中预制,现浇宜优先考虑滑模施工。

9.1.2　小型预制构件混凝土的拌和、原材料、配合比应满足设计及现行《公路工程水泥及水泥混凝土试验规程》(JTG 3420)相关规定。

9.1.3　自制或外购的小型预制构件移动、堆放、安装时,其混凝土强度应不得小于设计强度的80%并注意强度和外观质量,要求颜色一致,无裂缝,不缺棱角。卸车前先确定卸车地点及数量,尽量减少二次搬运。

9.1.4　缝隙式(或盖板式)排水沟现场安装时应适当延长10~20m,确保有效排水。

9.1.5　收费岛、服务区及隧道进出口转向车道等特殊路段可采用石材路缘石。

9.1.6　声屏障应满足现行《公路声屏障》[JT/T 646(所有部分)],所有部分相关规定。其中嵌板型声屏障应满足我省统一要求。

9.1.7　附属设施施工应与主体工程施工相协调,注意工序衔接。

9.2　排水设施

9.2.1　路面排水系统包括路表排水、中央分隔带排水、结构层内部排水和预埋排水管道。

1　路表排水设施主要有路面纵坡、横坡、超高、路肩、急流槽和边坡防护等。

2　中央分隔带排水设施主要有路侧边沟、中分带缝隙式或盖板式排水沟等。

3　结构层内部排水设施主要有级配碎石基层、碎石盲沟(路侧、缝隙式排水沟下)等。

4　预埋排水管道主要有塑料盲管、集水井和集水坑的横向预埋管等。

9.2.2 横向排水管道施工要点如下：

1 横向排水管道应在路面底基层施工前完成预埋，避免造成底基层施工后反开挖施工。

2 横向排水管道预埋深度应满足设计要求，避免浅埋造成管道压裂或路面裂缝反射。

3 横向预埋管道预埋后，开挖槽应采用素混凝土回填并振捣密实，严禁采用泥土回填。

4 填方路段，集水井的横向预埋管道出水口应设置急流槽、接入边沟或接入边坡防护肋带排水槽内，避免冲刷路基边坡。挖方路段，横向管出水口应接入渗沟。反开挖埋设横向排水管如图9.2.2所示。

图9.2.2 反开挖埋设横向排水管

9.2.3 中分带预埋排水管道施工要点如下：

1 中分带沟槽清理彻底并进行水泥砂浆封底后方可布设塑料盲管，塑料盲管布设应顺直，避免上下起伏、左右弯曲。

2 塑料盲管周边回填中粗砂或透水碎石，管节处采用土工布包封牢固。

9.2.4 预制缝隙式排水沟施工要点如下：

1 根据设计图纸，以道路中心线为横向控制线，准确测距定位，并逐段挂线施工。

2 纵向排水沟、清淤井、沟身、墙身与路面之间施工缝隙应使用相同路面结构层材料回填并夯实到路面各结构层压实度标准。

3 排水沟管节安装时，应在抹平砂浆未凝结前放置在基础上，并用水泥砂浆灌注节缝。排水沟沟身每30m一段，段间设置沉降缝，缝宽2cm，缝内填沥青麻絮等防水材料。

4 水沟底纵坡应与路线纵坡相同，但应不小于0.3%。

5 凹曲线最低点、桥头迎水端必须设置集水井，其他路段集水井按设计要求设置。

6 管节处应设置止水橡胶条，伸缩缝宜设置在清淤井两端。预制中分带缝隙式排水沟施工效果如图9.2.4所示。

图9.2.4　预制中分带缝隙式排水沟施工效果

9.2.5　现浇缝隙式排水沟施工要点如下:

1　基层平整后,再铺设混凝土垫层,表面应平整、密实,宽度大于缝隙式排水沟宽度。

2　排水沟与路面相接处,应设置碎石盲沟,或铺设透水管,排出层间水。

3　模板应牢固,在底模往上3~5cm处穿孔,穿塑料套管及紧固件,同时保证钢筋保护层厚度。现浇中分带缝隙式排水沟施工如图9.2.5所示。

图9.2.5　现浇中分带缝隙式排水沟施工

9.2.6　结构层内部排水施工要点如下:

1　中分带缝隙式排水沟下的碎石排水层一般采用19~31.5mm单粒径碎石回填,将层间水排至中分带回填砂中。

2　路肩碎石盲沟采用19~31.5mm单粒径碎石回填,并且路侧边沟或路肩墙内侧采用M10砂浆抹面,防止渗水,确保层间水通过路侧边沟或路肩墙上预埋的泄水孔排出。

3　桥上横坡低侧设置10cm宽碎石盲沟,厚度与下面层相同,采用9.5~19mm单粒径碎石回填。

9.2.7 其他排水设施施工要点如下：

1 完成路面底基层施工后，及时完成中分带槽底砂浆抹面，槽底纵坡与路面纵坡同。

2 中分带复合土工膜应满铺，并采用爬焊机顺坡搭接，避免中分带水从接缝处灌入路床。

3 中分带钢护栏立柱施工完毕后，采用水泥砂浆封闭钢护栏立柱周围的土工膜破口，并喷涂热沥青，防止中分带水灌入路床。

4 隧道口迎水端应设置拦水缝。

9.3 路缘石

9.3.1 根据设计图纸，以道路中心线为横向控制线，准确测距定位，并逐段挂线施工。

9.3.2 预制施工要点如下：

1 路缘石应安砌稳固，顶面平整，缝宽均匀，勾缝密实，路缘石顶面衔接平顺，在曲线段圆滑美观。

2 安装完毕的路缘石排水口整齐、通畅，无阻水现象。

3 坐浆应饱满，坐浆抹平后安放路缘石，并稍稍锤击确保路缘石安装稳固。

4 勾缝前应先清缝保持干净，并用水湿润，缝宽宜控制在5～10mm。

5 路缘石铺设完毕后，应对顺直度、缝宽、相邻两块高差及顶面高程等指标进行检测，不合格路段重新铺设。预制路缘石安装效果如图9.3.2所示。

图9.3.2 预制路缘石安装效果

9.3.3 滑模施工要点如下：

1 严格按照施工图纸要求定制滑模机模具。

2 滑模工艺采用流水作业，施工工序如下：钢筋加工及安装→排水构造预埋→测量定位、导线设置→滑模机就位对正钢筋→混凝土拌制与运输→混凝土护栏滑模机施工→表面修饰→养生、施工缝处理。

3　路缘石铺设完毕后应对即将凝固的路缘石进行切缝处理，宜3m设一道假缝，假缝深度不小于3cm；间距20m设置一道断缝，缝宽1～2cm。

4　路缘石可采用薄膜或土工布进行养生，薄膜养生覆盖时间可根据施工区域气候调整。路缘石滑模施工如图9.3.3所示。

图9.3.3　路缘石滑模施工

9.4　路肩硬化

9.4.1　根据设计图纸，以道路边缘线为控制线，准确放样；以道路边缘上面层设计高程为控制线，安装模板进行施工。

9.4.2　路肩施工前应对浆砌边沟、路肩墙侧面进行砂浆抹面处理。

9.4.3　路肩回填应采用19～31.5mm单粒径的碎石填筑，不得采用泥土、施工垃圾等不合格材料。

9.4.4　路肩硬化高程应略低于路面边缘，以利于路面排水。

9.4.5　路肩硬化混凝土浇筑应在沥青路面上面层施工前完成，并做好“零污染”措施，避免污染路侧钢护栏立柱和路面。

9.4.6　路肩硬化混凝土面板应一定的间隔设置缩(胀)缝，并做好覆盖养生。路肩硬化施工如图9.4.6所示。

图9.4.6 路肩硬化施工

9.5 其他附属设施

9.5.1 路面施工前应完成通信及电力人手孔及相应管道预埋施工，人手孔内管口应采用土工布临时包封，人手孔采取必要的临时覆盖设施，避免路面施工时混合料落入。

9.5.2 中分带回填前应完成硅芯管预埋，并采用专用管卡固定，铺设在中分带中心位置，避免钢护栏施工时破坏硅芯管；路基边缘硅芯管应按设计文件确保埋置深度，跨水沟、涵洞、挡墙、桥梁段等部位应设置管箱及托架。硅芯管预埋施工如图9.5.2所示。

图9.5.2 硅芯管预埋施工

9.5.3 嵌板型声屏障施工要点如下：

1 声屏障屏体制作成品后长度、宽度、厚度误差尺寸均不超过2mm。吸声屏体龙骨框架及面板背板铆接后铆钉头应与板材紧密贴合，不能存在歪铆、空铆或铆接不彻底现象。吸声屏体制作成型后下方需预留排水孔。桥梁段声屏障的立柱和屏体应设置牢固的防坠落装置。

2　基础地脚螺栓的外露部分及预埋法兰盘需热镀锌,法兰盘的镀锌量不小于600g/m^2,地脚螺栓的镀锌量不小于350g/m^2。基础桩的开挖,宜采用螺旋钻孔式取孔;地梁浇筑宜采用钢模板。

3　屏体安装时应注意保护材料,防止涂料刮伤。采用机具吊装应按照相关规程操作,吊装时吊装物下方不得站人。若采用人工安装,应做好人员防坠落措施。

9.6　质量管理及检查验收

检查项目及外观要求应符合现行《公路工程质量检验评定标准　第一册　土建工程》(JTG F80/1)的规定。

10 交通安全设施

10.1 一般规定

10.1.1 交通安全设施的材料、施工应符合现行《公路交通安全设施施工技术规范》(JTG/T 3671)及其他国家现行的有关标准、规范规定。

10.1.2 交通安全设施施工必须做好准备工作、技术交底和施工组织。

10.1.3 交通安全设施产品须经有资质的检测机构检测,取得合格证,并经工地检验,确认满足设计要求后方可使用。

10.1.4 交通安全设施采用钢质材料时,必须进行防腐处理。除设计文件另行规定外,防腐处理均应满足现行《公路交通工程钢构件防腐技术条件》(GB/T 18226)的规定。螺栓、螺母等紧固件和连接件在防腐处理后,必须清理螺纹或进行离心分离处理。

10.1.5 现浇基础、预制构件等混凝土的拌和、原材料、配合比应满足设计及现行《公路桥涵施工技术规范》(JTG/T F50)的规定。

10.1.6 施工单位进场后应结合设计图纸、监理验收资料等对现场条件进行检查、验收。对前道工序实施的交通安全设施预留预埋施工情况进行检查,发现问题应查明原因,并提交建设单位进行处理,整改验收合格后方可进行后续工程的施工。

10.1.7 交通标志基础、隔离栅、混凝土护栏宜在沥青结构层施工前完成;防落网、标志立柱、波形梁护栏立柱安装宜在沥青上面层施工前完成。

10.1.8 新型护栏标准段和过渡段、中央分隔带开口护栏、缓冲设施等产品主要构件的规格尺寸和材料性能不应低于实车碰撞试验样品对应构件的国家或行业标准要求。

10.2　交通标志

10.2.1　交通标志施工准备如下：

1　安装前，应现场实地踏勘、检查前道工序，重点核查以下内容：

1）挡墙、桥梁、隧道段等结构物的交通标志基础预留预埋实施情况。

2）交通标志的设置位置与通信管道、电力管线等隐蔽工程冲突。

3）交通标志之间以及与可变信息标志等设施相互干扰。

4）照明灯杆、上跨桥梁、路侧挡墙、声屏障、绿化等设施遮挡交通标志。

5）与设计不符或与其他设施冲突的情况。

2　进场的交通标志钢构件材料（除预埋在混凝土基础中的钢构件）热浸镀锌量应满足以下规定：

1）滑槽、立柱、横梁、法兰盘等大型构件，其镀锌量不小于 $600g/m^2$。

2）抱箍、紧固件等小型构件，其镀锌量不小于 $350g/m^2$。

10.2.2　交通标志施工要点如下：

1　制作。

1）圆形标志板面应做折边处理，其他形状的标志板面边缘应进行卷边或角铝加固。标志底板尽可能使用最大尺寸制作，减少接缝，拼接应采用对接，接缝最大间隙为1mm，柱式标志板面应采用上下对接，门架式、悬臂式标志板面应采用左右对接。所有接缝均用龙骨加强。

2）使用铝合金板、铝塑板制作标志底板时，应使用沉头铆钉连接。铆接间距应均匀一致，一般为150mm ± 50mm，且滑槽端部应加强铆接。铆钉形状应符合现行《沉头铆钉》（GB/T 869）的规定，直径应不小于4mm。

3）柱式交通标志版面反光膜材料宜采用Ⅳ类反光膜；门架式、悬臂式等交通标志版面反光膜材料，底膜宜采用Ⅳ类反光膜，字膜可采用Ⅴ类反光膜。为确保标志牌的视认效果一致，同一个项目宜采用同一个品牌的反光膜，同一个版面采用同一批次的反光膜。

4）标志反光膜应在干净、无尘土、温度不低于18℃、相对湿度在20%～50%的车间内进行粘贴。粘贴反光膜前应对标志板面进行磨面和清洗处理，并应进行晒干或烘干处理。标志底膜应在连续电动液压贴膜机上完成贴膜，文字符号可采用转移膜法粘贴。

5）标志版面反光膜应尽可能减少拼接，横向不宜有拼接，距标志板边缘5cm内，不得有拼接。必须拼接时，应使用（反光膜）产品的最大宽度进行拼接，接缝以搭接为主，且应为上搭下，重叠部分应不小于5mm。反光膜逆光系数检测如图10.2.2-1所示。

2　安装。

1）施工时应注意交通标志之间、交通标志与机电设备之间、交通标志与绿化苗木之间的相互遮挡问题。原则上，门架式可变信息标志与门架式、悬臂式交通标志之间的间距应不小于200m，悬臂式可变信息标志与门架式、悬臂式交通标志之间的间距应不小于150m。

图 10.2.2-1　反光膜逆光系数检测

2)门架式标志基础不得跨伸缩缝设置,位于高填方路段的悬臂式标志基础,在不影响标志视认效果的情况下,应将标志基础移至路堑段。

3)基础浇筑时,钢筋保护层厚度不小于 25mm;底座法兰盘应与基础对中,将其嵌进基础,上表面与基础顶面齐平,纵向中心线应与行车方向保持一致;地脚螺栓外露长度宜控制在 80 ~ 100mm 以内,并应对外露螺纹部分加以妥善保护。

4)标志板运输须用软衬垫材料加以保护,标志杆件、标志面板尽量分车运输,以免磨损标志板面。

5)标志安装必须在基础混凝土强度达到设计强度的 80% 以上方可进行。路侧标志宜与公路中线垂直或成一定角度,禁令和指示标志为 0° ~ 10°或 35° ~ 45°,其他标志为 0° ~ 10°。路侧标志内边缘距土路肩边缘应不小于 25cm,下缘距路面的高度一般为150 ~ 250cm。悬臂式及门架式标志板面应垂直于道路行车方向,并且板面宜倾斜 0° ~ 15°,其净空高度应不小于 550cm。悬臂式及门架式标志横梁加工时要按照设计要求增加预拱度。交通标志净空高度检测如图 10.2.2-2 所示。

图 10.2.2-2　交通标志净空高度检测

6)地脚螺栓等连接件应根据设计文件的要求设置双螺母。施工中造成的标志构件镀锌层损坏与剥落,必须喷涂无机富锌漆以防生锈。标志安装、调整完成后,标志立柱法兰盘上应再浇筑20cm厚水泥砂浆。

10.3　交通标线

10.3.1　交通标线原材料应符合以下要求:

1　标线涂料质量应符合现行《路面标线涂料》(JT/T 280)和《路面防滑涂料》(JT/T 712)的规定。

2　标线玻璃珠质量应符合现行《路面标线用玻璃珠》(GB/T 24722)的规定,成圆率不小于80%,其中粒径为600~800μm的成圆率不小于70%。

3　突起路标产品须经国家认可的质检机构型式检验合格,并有产品生产厂家的授权书、型式检验报告、出厂检验报告。

10.3.2　交通标线施工要点如下:

1　热熔标线。

1)正式施划前应先做一段试验路段,根据施工时当地气温、涂料的熔融温度对标线划线车的行驶速度、线宽、标线厚度、玻璃珠洒布量、反光效果进行调试,并按设计文件要求进行检验。试验路段检测合格后方可正式施工。标线施工时应保持路面清洁干燥。所有的车道边缘线(隧道内除外)应每隔6m设置宽5cm的排水口。热熔标线试验段检测如图10.3.2-1所示。

图10.3.2-1　热熔标线试验段检测

2)为提高路面与涂膜之间的黏结力,须在路面上先喷涂热熔型专用下涂剂。

3)喷涂工作一般在白天进行,路面潮湿,灰尘过多,风速过大或温度低于10℃时,喷涂路面标线工作应暂停施工。

4)划线时应有交通安全措施,设置适当的警告标志,阻止车辆及行人在作业区内通行,防止将涂料带出或形成车辙,直至标线充分干燥。

5)划线时应将热熔型标线涂料装入热熔釜中均匀加热,熔融温度宜控制在180～220℃之间,然后装入划线车中。并待下涂剂干燥后喷涂标线,涂敷的同时要撒布玻璃珠,根据不同等级逆反射亮度系数要求的用量加压撒布在所有标线上,面撒玻璃珠嵌入标线中部分应为玻璃珠粒径的50%～70%。

6)喷涂完毕,去除溢出和垂落的涂膜,对不符合要求的标线进行修整,检查厚度、尺寸、玻璃珠的撒布情况,收集四处散落的玻璃珠。

7)交通标线施划过程中应对交通标线厚度、逆反射亮度系数等检查项目进行跟踪检测,检测频率宜为每150m检测1次。

2 雨夜标线。

1)新划白色雨夜反光热熔标线的初始逆反射亮度系数应满足以下要求:干燥状态的平均值不小于350mcd/(lx·m^2),潮湿状态的平均值不小于175mcd/(lx·m^2),连续降雨状态的平均值不小于75mcd/(lx·m^2)。

2)雨夜反光热熔标线施划时,表面撒播白色雨夜反光珠和玻璃珠,雨夜珠撒播量不低于260g/m^2,玻璃珠撒播量不低于600g/m^2。

3)雨夜珠应为全天候高亮雨夜珠,外形为不规则的粒状结构,表层为高折射率的微晶陶瓷珠结构,平均粒径为1.0～2.0mm。

4)雨夜反光热熔标线需使用配备双珠播撒器的热熔刮涂划线车施工,双珠播撒器中,大颗粒的雨夜珠在前面撒,小粒径的玻璃珠在后面撒。施工工程中,应密切监控雨夜珠和玻璃珠的沉降情况,确保两种面撒材料的沉降率达到50%～60%。雨夜标线与普通标线夜间对比如图10.3.2-2所示。

图10.3.2-2 雨夜标线与普通标线夜间对比

3 突起路标。

1)突起路标应在标线施工完毕后施工。

2)突起路标施工前应先进行测量定位,确保纵向线形顺直、横向左右对齐,间距符合设计要求,安装位置应避开标线排水槽的位置。

3)A1类突起路标安装时反射体应面向行车方向,路面和突起路标底部应清洁干燥并涂胶粘剂,胶粘剂可采用耐候性专用沥青胶或环氧树脂,其胶接性能指标应满足现行《突起路标胶粘剂胶接性能指标及试验方法》(JT/T 968)的要求。突起路标就位后,应在其顶部施加压力,排除空气,确保粘接面饱满。

4)突起路标设置高度,顶部不得高出路面25mm。

10.4　防撞护栏

10.4.1　防撞护栏施工准备如下:

1　护栏施工前应对压实度或地基承载力进行检测,检测频率为沿护栏平面投影每1000m不少于2点,或结合护栏所在位置、路基设计图纸和监理验收资料确定。

2　护栏施工安装前,应现场实地踏勘、检查前道工序,重点核查以下内容:

1)桥梁搭板段、挡墙段的混凝土护栏预留预埋实施情况。

2)小桥、通道、明涵、挡墙等构造物上波形梁护栏基础预留预埋实施情况。

3)核查护栏施工所在位置地下管线、构造物顶部埋土深度。

4)核查护栏施工所在位置的边坡情况,以及相应的护栏设置等级是否与设计说明中的护栏等级设置原则保持一致等。

5)与设计不符或与其他设施冲突的情况。

3　波形梁立柱施工时,不得破坏路面下埋设的电缆、电力管道、排水等设施。

4　混凝土护栏应根据现场条件确定并核对设置位置,确定控制点,检测基础承载力是否达到规范或设计文件的要求。原材检测如图10.4.1所示。

图10.4.1　原材检测

10.4.2　波形梁护栏施工要点如下:

1　波形梁钢护栏立柱应在路面沥青下面层、水泥混凝土路面施工完成后、土路肩硬化前开始施工。

2 放样。

1）根据设计要求及实地情况，放样时以桥梁、通道、涵洞、中央分隔带开口和隧道进出口等作为控制点进行测距定位，保证立柱间距，定出立柱准确位置和标准高度，利用调整段调整立柱间距，标明具体位置，并使立柱与道路线形一致。

2）应对桥梁、隧道护栏过渡段进行针对性放样，确保立柱襟边满足规范要求。

3 立柱安装。

1）采用液压式打桩机组平行推进施工法，将立柱对准标记打入，打入时随时观测立柱高度、竖直度的变化，发现问题及时修正，严防偏移、跑位和打入过深，使立柱竖直度偏差控制在 ±10mm/m 以内，立柱孔位中心高度偏差控制在 ±20mm 以内。立柱安装如图 10.4.2-1所示。

图 10.4.2-1 立柱安装

2）打入立柱时，注意顶部无塌边、变形、开裂或镀锌层损坏等现象。严禁对立柱进行切割。打入过深时不得将立柱部分拔出加以矫正，必须将其全部拔出，对基础压实到设计规定的要求后重新打入。无法打入的段落宜采用机械钻孔法施工，立柱定位后应灌砂浆或混凝土并夯实。同时，要求液压打桩机、钻孔设备底部应挂帆布或彩条布，以免漏油污染沥青面层。

3）立柱安装应符合设计图纸的要求，并与道路线形相协调，立柱就位后其水平方向和竖直方向应形成平顺的线形。护栏渐变段及端部的立柱，应按设计规定的位置进行安装，并保证线形的顺畅。

4）预埋基础施工时，预埋套筒底部先涂一层沥青，立柱直接埋设在预埋套筒中，浇筑混凝土振捣，顶面再涂一层沥青，注意立柱高度和线形。采用法兰盘基础时，应确保预埋件位置准确，安装立柱时，应把底座法兰盘和地脚螺栓、螺母清理干净。

5）中分带钢立柱施工后，对中分带破坏的土工膜应采用砂浆修复，并涂改性乳化沥青，确保不渗水；互通双向匝道一柱双挂钢立柱施工后采取同样的修复方式。

6)土路肩硬化施工完成后应对路肩横坡、立柱襟边宽度进行复核,确保立柱埋置深度、襟边宽度符合设计要求。襟边复核如图 10.4.2-2 所示。

图 10.4.2-2　襟边复核

4　防阻块、托架、横隔梁安装。

1)立柱准确定位后安装防阻块、托架、横隔梁,安装应符合设计要求,且不得有明显变形、扭转、倾斜。

2)在波形梁安装前,横隔梁、防阻块与立柱间的连接螺栓不应过早拧紧。

5　波形梁安装。

1)防阻块等调整固定后,波形梁板顺行车方向利用螺栓拼接固定,梁板顶面应与道路竖曲线相协调;连接螺栓及拼接螺栓待线形平顺后拧紧,终拧扭矩应符合规范要求。波形梁安装效果如图 10.4.2-3 所示。

图 10.4.2-3　波形梁安装效果

2)端头梁异形板等的安装应与波形梁板同步进行,调整一段成形一段。

3)立柱间距不规则时,利用调节板、梁板进行调节,波形梁板及立柱不得现场焊割或钻孔,也不得通过使防阻块明显变形来调整。

4)桥隧过渡段应设置翼墙与波形梁护栏衔接。中分带开口部、转向车道等特殊路段,不同类型的护栏应设过渡段。隧道入口段设置翼墙进行过渡,如图10.4.2-4所示。

图10.4.2-4 隧道入口段设置翼墙进行过渡

10.4.3 混凝土护栏施工要点如下:

1 预制混凝土护栏。

1)混凝土护栏宜与小型构件一并集中预制,预制场场地建设应符合“工地建设”分册的规定,并满足生产需要。混凝土护栏的钢筋加工设备应全部采取全自动钢筋数控弯箍机,严禁采用人工弯箍。模板应采用钢模板,厚度应不小于4mm。

2)护栏及基础钢筋、预埋件的施工应符合设计要求。预制混凝土护栏钢筋集中加工,如图10.4.3-1所示。

图10.4.3-1 预制混凝土护栏钢筋集中加工

3)每片预制混凝土护栏应一次性浇筑完成,拆模时间应根据气温和混凝土强度确定,夏季宜在混凝土终凝后24h,冬季以混凝土强度不小于5MPa为宜。拆模后应在护栏背面标注浇筑日期、编号。预制混凝土护栏集中喷淋养生,如图 10.4.3-2 所示。

图 10.4.3-2　预制混凝土护栏集中喷淋养生

4)混凝土护栏拆模、吊装、运输及堆放不得损坏混凝土表面和棱角,集中堆放高度不得超过两层。

5)混凝土护栏安装前,应先精确放样定位并复核高程和平面位置,做好标记。

6)混凝土护栏安装时,应从一端逐步向前推进,基础面及相邻块件接缝面应湿润,坐浆厚度均匀,纵向企口连接,落座位置准确,砌缝挤紧,宽度应不大于 10mm,线条顺直。安装过程不得损坏已完工的纵向排水沟、集水井、盲沟及管线等设施。

7)混凝土护栏安装完成后,人孔位置的连接或遮挡钢板应按设计要求双面热浸镀锌。中分带门架式标志杆件安装后,应将中分带杆件与护栏现浇成整体。预制混凝土护栏安装效果如图 10.4.3-3 所示。

图 10.4.3-3　预制混凝土护栏安装效果

2　现浇混凝土护栏。

1)混凝土护栏的地基强度、埋入深度、配筋方式及数量应符合设计要求。

2)桩基式护栏钢管桩应为镀锌钢管,镀锌量符合设计要求,并采取液压式打桩机施工。

3)路侧现浇混凝土护栏应按照2m的间距预留泄水管,泄水管与钢管桩错开,在凹曲线路段应加密设置。

4)现浇混凝土护栏拆模后,应按照设计文件要求设置断缝或者假缝,并保证断面光滑、平整。

3 滑模混凝土护栏。

1)严格按照施工图纸要求定制滑模机模具。

2)滑模摊铺前预先做出边沟底板高程带,来支撑钢筋笼避免钢筋笼与地面接触,控制保护层厚度与高程。

3)滑模摊铺采用挂线法控制高程,挂线钢丝支撑杆间距直线段为10m、曲线段为5m,一个施工段长度不宜超过200m。

4)滑模摊铺时,随时检查摊铺尺寸及表面质量,确保施工精度。

5)滑模摊铺应严格控制施工配合比和滑模机行进速度、振捣等级、模具倾角等工作参数。

6)混凝土表面出现局部离析、蜂窝、麻面,应进行人工抹面处理,确保外观均匀一致。

7)做好养生和施工缝处理。混凝土护栏滑模施工如图10.4.3-4所示。

图10.4.3-4 混凝土护栏滑模施工

10.4.4 中央分隔带开口护栏施工要点如下:

1 施工单位进场后应结合实际情况确定中央分隔带开口护栏具体形式,并提交施工工艺图。

2 中央分隔带开口护栏施工应符合下列规定:

1)中央分隔带开口护栏基础应根据设计文件放样,并与中央分隔带护栏端头相协调。基础与地下管线发生冲突时,应根据设计文件对基础的埋设位置或高程进行适当调整。

2)基础混凝土强度达到设计强度的80%,方可安装中央分隔带开口护栏的钢构件部分,并应做好与相邻中央分隔带护栏的连接过渡处理。

3)对有视线诱导和防眩要求的路段,应按设计文件要求安装视线诱导设施和防眩设施。

4)中央分隔带开口护栏安装完成后,应对开启与关闭功能进行测试,开启时间及开启长度应符合设计文件的规定。

10.4.5　缓冲设施施工要点如下:

1　缓冲设施的安装线形应与三角端护栏或其他被防护构造物线形相协调。

2　缓冲设施施工时,不得对地下设施造成损坏,并应与后部的护栏结构连接牢固。

3　防撞垫应组装正确、安装牢固,支撑结构埋深、支撑结构立柱的间距等应符合设计要求,预埋基础施工应符合现行《公路桥涵施工技术规范》(JTG/T 3650)的要求。

4　缓冲设施所有构件不得现场焊割和钻孔。

10.5　视线诱导设施

10.5.1　视线诱导设施施工准备如下:

1　施工前应对视线诱导设施的施工条件、设置位置、设置数量等进行核对。

2　除设计文件另行规定外,视线诱导设施所用材料应符合现行规范规定。

10.5.2　视线诱导设施施工要点如下:

1　附着式轮廓标应在路面施工完成后进行,附着于梁柱式护栏上的轮廓标可按立柱间距定位,附着于混凝土护栏和隧道侧墙上的轮廓标应量距定位。反射器的安装角度应符合设计文件要求。

2　柱式轮廓标的安装可采用装配式、法兰盘式或现浇混凝土基础式。柱体应垂直于水平面,三角形柱体的顶角平分线应垂直于公路中心线,柱体与混凝土基础之间可用螺栓连接。

3　隧道轮廓带应按照放样确定的位置进行安装,并与隧道连接牢固。安装时不得侵入公路建筑限界以内。

10.6　隔离栅

10.6.1　隔离栅施工准备如下:

1　隔离栅所在位置应进行场地清理,软基应进行处理。

2　隔离栅施工时应注意围封严密,陡坡段落应加密底部拉丝,不得有人、畜可以通过的空间。

3　根据实际地形情况,施工过程中必须严格参照设计原则全线排查,合理选择设计的围堵方式,如有图纸以外的特殊情况,应及时向设计单位反映。

4　钢板或铁丝网片、刺铁丝网、金属立柱、斜撑构件和连接件的材质、规格及防腐处理均应满足设计要求。

10.6.2 刺铁丝隔离栅施工要点如下：

1 按设计要求尺寸制作立柱钢模,其中一面侧模应设有刺铁丝预埋钢钩的预留孔,钢钩应在预埋前切断整根镀锌。

2 隔离栅设置应根据征地红线图,用全站仪放出公路用地界,然后根据设计图进行施工放样,先定中心线,然后按设计的柱距定出柱位。每个柱位应按设计文件的要求确定高程,并与公路界地形相协调。

3 施工前应对场地进行必要的修整、夯实;对地形起伏的地段,应将地面整修成一定的纵坡并顺坡设置,也可按阶梯形设置。

4 立柱埋设。

1)立柱基础可采用现浇,也可采用预制。当采用现浇基础时,立柱的坑底垫混凝土,放入立柱后,检查柱顶高程,并用临时支撑固定立柱,检查其垂直度,符合要求后浇筑混凝土并及时养生;当采用预制基础时,基础尺寸、埋置深度及混凝土强度必须符合设计文件要求。

2)立柱应按先两端后中间的顺序进行埋设。立柱纵向应在一条直线上,不得出现参差不平的现象,柱顶应平顺,不得存在忽高忽低的情况。

5 拉丝。

1)立柱基础混凝土强度达到设计强度80%以后,方可拉丝。

2)拉丝完成后,应及时对立柱基础进行压实处理。刺铁丝隔离栅安装效果如图10.6.2所示。

图10.6.2 刺铁丝隔离栅安装效果

10.6.3 电焊网隔离栅施工要点如下：

1 电焊网隔离栅应按设计要求尺寸进行加工,其拐角部分应一次折弯成形。

2 电焊网隔离栅采用镀锌后镀塑的防腐形式。紧固件、连接件应采用热浸镀锌的防腐方法,镀锌量为350g/m^2。

3　镀塑层应均匀光滑、连续、无肉眼可分辨的小孔、空洞、孔隙、裂缝、脱皮及其他有害缺陷;镀层应附着良好,在人工加速试验后,镀层不允许产生裂缝、破损、褪色等现象。

4　隔离栅按设计要求长度设置斜撑。斜撑与抱箍应先焊成整体后进行防腐处理。

5　立柱混凝土基础强度达到设计强度80%以后方可进行网片安装。安装完成后应及时对立柱基础进行压实处理。

10.7　防落物网

10.7.1　防落物网施工准备如下:

1　防落物网设置于跨越已通车的公路、铁路和航道上方的桥梁时,应编制专项安全施工方案,经评审通过后方能施工。

2　防落物网施工前应对所有预埋件的位置、尺寸、间距、强度、腐蚀程度进行检查,不符合要求的应整改。

10.7.2　防落物网施工要点如下:

1　网片钢丝要求为冷拔钢丝,抗拉强度不得低于640N/mm^2。施焊前,要求各单体矫正平直并去毛刺及锈迹。焊接部位要求过渡圆滑、无焊渣、虚焊、气孔等缺陷。

2　预埋件采用热浸镀锌的防腐方式,镀塑层要求与电焊网隔离栅有关要求相同。

3　立柱自桥的一端至另一端依次安装,保证中距与竖直度。安装完毕后,经自检合格方可安装网片,网片应平整、绷紧,不应出现缺口。螺栓应在防落物网的线形达到规定要求时方能拧紧,终拧扭矩应符合规范要求。

4　施工时,需在合适位置安装接地避雷铜线,铜线埋深应在地表2m以下,接地电阻应小于10Ω。

5　防落物网应以上跨桥梁与公路、铁路等设施的交叉点为控制点,向两侧对称进行施工。当上跨桥梁为斜交时,防落物网的长度应根据设计文件的要求做相应调整。防落物网的长度至少应延长至被交路外5m。

10.8　防眩设施

10.8.1　防眩设施施工准备如下:

1　防眩设施的施工应根据其设置方法在护栏安装完成后,并在不影响通信管道敷设的前提下,方可组织施工。

2　施工前应对设置位置进行全线排查,对于中央分隔带宽度大于9m或上下车行道高差大于2m的路段可不设防眩设施。同时对所有预埋件的位置、尺寸、间距、强度、腐蚀程度进行核查,不符合要求的应整改。

3　进场的防眩板应符合现行《防眩板》(GB/T 24718)的规定。

10.8.2　防眩设施施工要点如下：

1　混凝土护栏强度达到设计强度的80%时，方可安装。

2　防眩设施下缘与护栏顶部的间距应符合设计文件的规定。

3　防眩设施应按设计要求处理好防眩设施的高度、角度，确保线形流畅顺直、角度一致。

10.9　其他交通安全设施

限高架、防风栅等其他交通安全设施的施工应符合设计文件的规定。

10.10　质量管理及检查验收

10.10.1　施工过程质量管控应符合现行《公路交通安全设施施工技术规范》(JTG/T 3671)的规定。

10.10.2　检查验收应符合现行《公路工程质量检验评定标准　第一册　土建工程》(JTG F80/1)的规定。

11　节能环保技术

11.1　一般规定

11.1.1　工程项目应考虑设计阶段的节能设计,遵循合理用能、优化资源和能源配置原则,从总体方案、材料与工艺、能源类型、用能供能设备、节能控制等方面制订节能措施和技术要求。

11.1.2　施工过程进行方案比选应将能耗作为重要因素,对材料、工艺、机械的能源消耗指标进行分析,选择能源利用率高的方案。施工机械设备能耗可根据现行《公路工程预算定额》(JTG/T 3832)和《公路工程机械台班费用定额》(JTG/T 3833)进行计算。

11.1.3　提升绿色环保实效,项目驻地、场站建设、施工便道等实行“永临结合”,避免重复建设,节地环保。

11.1.4　拌和场站周边安装雾化降尘系统,设置洗车池、沉淀池,打造无尘环保拌和站。碎石场宜安装雾炮或可降尘装置,并配备泥水分离系统,将生产污水通过净化处理,净水循环利用,分离的泥土重复利用于绿化种植,贯彻落实新发展理念。

11.1.5　探索“互联网+交通基础设施”发展新思路,通过信息化和智能化的手段,建成公路工程项目信息化管理平台,对工程建设的关键部位、关键环节的质量安全信息数据采集和智能远程监控,提高公路工程建设的监管力度与管理效率,增强决策与应急能力,为推进综合交通、智慧交通、绿色交通、平安交通提供有力支撑。利用无人化、自动化、智慧化施工设备和检测技术打造均质稳定的路面工程质量。

11.1.6　根据大气污染防治要求使用污染防治设施,减少废气排放提倡通过新设备、新材料、新工艺解决。

11.2　节能环保设备

11.2.1　施工机械设备类型、数量和不同组合应满足工程特点、工程量及施工工期的要求,并与施工工艺相匹配,提高作业效率。

11.2.2 施工阶段应选择功率与负载相匹配的机械设备，避免施工机械长时间过载或欠载运行。

11.2.3 机械设备的选用应将设计能耗作为重要的评估指标，选用技术先进、安全可靠、能耗低和效率高的施工机械产品。

11.2.4 电力驱动的机械设备供电电压等级应根据设备装机功率、供电条件和线路损耗、变压器损耗等综合确定。

11.2.5 机械设备应加强施工过程中的能耗管理，建立机械设备管理制度，健全设备档案，开展能耗监测相关工作，做好维修保养工作，使机械设备保持良好的使用状态。

11.2.6 积极采用环保设备。搅拌站(场)优先选用环保型、光伏发电等技术设备，沥青拌和站可采用天然气代替燃油作为加热燃料。

11.2.7 路面施工环节应用从沥青混合料"拌和—运输—摊铺—碾压"的全过程智能监控，以信息化手段提升路面工程质量。

1 混合料拌和信息化管控，通过终端对拌和站生产数据进行实时采集、上传(一体化平台)、分析，比对系统预设的标准配合比以及偏差率报警等级，对混合料生产参数矿料级配、沥青用量、拌和温度、拌和时间。进行有效监控和预警，通过短信预警推送，及时发现问题保证混料质量。

2 混合料运输信息化管控，运输时间、运输轨迹。可通过 GPS(全球定位系统)对车辆定位，对运料车进行全过程监控；实时查询车辆装料时间、离站时间、到达现场时间及超速短信预警等，通过服务器计算混合料运输时间，避免长时间未卸料造成混合料离析，并对混合料进行溯源管理。

3 摊铺监控。宜采用特制雷达测厚仪，识别沥青路面摊铺过程的各种材料分层，并且实时输出厚度数据(松铺厚度)，通过对松铺厚度的精准控制，提升结构层厚度的均质性(精度不大于 2 毫米)。通过终端采集摊铺温度和摊铺速度数据，实现对摊铺质量的实时监控。

4 碾压监控管控。宜在压路机上安装温度和振动传感设备，对碾压速度、遍数、振幅、频率、轨迹、温度等数据进行实时采集、分析、统计(形成报表)。或有条件使用无人碾压设备。

11.2.8 抗剥落剂可采用自动化添加设备，替代人工操作，提高添加的均匀性和添加比例精度。

11.2.9 路面工程检测可推广自动化应用。积极开展新技术、新设备在路面工程质量检测上的应用,提升路面检测自动化程度,达到路面检测无损、快捷、高效、精准,将质量隐患消除在施工阶段,采用SBS含量检测仪、核子密度仪、雷达测厚仪等。

11.2.10　沥青试验数据指标自动采集,在沥青三大指标(针入度、软化点、延度)试验机控制计算机中可安装采集软件,实时采集每一组试验的信息,自动计算、分析、判断试验数据。

11.2.11　交安材料质量控制应配备镀锌测厚仪、板厚检测仪、标志标线逆反系数检测仪对交安工程材料(钢护栏立柱、护栏板、交通标志杆件、铝塑板、反光膜、标线涂料)进行全覆盖检测。

11.3　节能环保材料

11.3.1　应用新型材料应满足国家环保行业相关要求,若是节能环保型可优先选用,从而提升绿色交通发展水平。

11.3.2　各种地材可因地制宜选取,充分利用既有料场,为保护绿水青山,应尽量减少新开采工作面。将生态环保理念贯穿交通基础设施建设、运营和维护全过程。

11.3.3　积极推广应用温拌沥青、废旧沥青混合料再生剂、环保型橡胶沥青、环保净味沥青等环保型沥青产品。

11.4　节能环保工艺

11.4.1　施工工艺应技术可行、经济合理,统筹安排材料、机具资源和人力资源,减少重复施工,并将施工能耗作为重要的节能指标。

11.4.2　施工工序应保持施工作业的连续性,提高生产效率和机械设备的使用效率,降低设备的单位耗能。

11.4.3　搅拌站(场)宜使用天然气代替燃油作为加热燃料。

11.4.4　筑路材料应根据材料特性、用途、温度、湿度进行分区储存,减少非实质性材料消耗。集料储存区应设置良好的防、排水系统,保持材料干燥。

11.4.5　防止原材料资源匮乏、建筑垃圾处理地枯竭以及抑制铺装材料生产时的大气污染的新技术路面施工工艺,宜积极采用要求沥青路面再生技术水泥混凝土铺装的再生利用技术以及工业副产物的再利用技术[橡胶轮胎再利用的SSP技术(固相聚合技术)路面等]。

1　热再生技术:废旧沥青混合料与新沥青、新石料、再生剂等物料拌和后摊铺的技术。

2　冷再生技术:废旧沥青混合料与水泥或石灰、粉煤灰、新石料、乳化沥青等物料拌和后摊铺的技术。

11.4.6　宜使用减少道路施工时给环境带来的影响可采用温拌沥青铺装技术、中低温沥青铺装技术、热拌冷敷铺装技术等新技术。

11.4.7　宜使用减少铺装面给环境造成影响可采用透水性铺装、排水性铺装技术、抑制路表温度上升的铺装(凉爽路面等)。

11.4.8　宜使用减少通行车辆对环境影响可采用低噪声铺装(高黏度沥青TPS、SSP铺装技术等)新技术。